KB236689

거인을 쓰다

 1

거인을 쓰다

신영준
고영성
지음

1

상상스퀘어

천 개가 넘는 명언을 읽고, 고르고, 다시 읽었습니다. 그중에서 마음을 붙드는 문장들을 추려냈습니다. 귀에 좋게 들리는 말에 그치지 않고, 삶의 본질을 꿰뚫는 통찰이 담긴 문장들입니다. 쉽게 고개를 끄덕이고 지나치기 쉬운 말들 가운데서도, 마음 깊은 곳에 오래 남아 삶의 방향을 바꿀 문장들을 골라냈습니다. 그 문장 하나하나에 해설을 붙였습니다. 명언이 던진 질문을 붙잡고, 그 안에 숨겨진 의미를 풀어내며, 우리 삶과 어떻게 맞닿는지 글로 엮어냈습니다.

좋은 말도 그냥 읽고 지나가면 머릿속을 스쳐 지나갑니다. 순간의 감동은 남아도 삶의 변화로 이어지기 어렵습니다. 이 책은 '읽는 책’에 머물지 않게 만들었습니다. 손으로 한 글자 한 글자 옮겨 적으며 문장의 무게를 온몸으로 느끼고, 그 의미를 천천히 음미하도록 필사집으로 구성했습니다.

필사는 읽기와 다릅니다. 읽을 때는 눈이 문장 위를 빠르게 지나가지만, 필사할 때는 손이 한 글자씩 따라갑니다. 그 느린 속도 속에서 우리는 작가가 왜 이 단어를 선택했는지, 왜 이 문장을 이렇게 배치했는지, 왜 이 표현이 이 자리에 놓였는지를 발견합니다. 필사는 흘러가는 반복으로 끝나지 않습니다. 필사는 깊은 대화가 됩니다.

마음을 붙잡는 단어가 있으면, 그 단어가 품은 뜻을 생각해 보십시오. 한 문장을 완성할 때마다 잠시 손을 멈추고, 그 문장이 여러분의 삶에 어떤 질문을 던지는지 들어보십시오. 한 페이지를 마칠 때마다 눈을 감고, 지금 쓴 글이 여러분 안에 어떤 변화를 일으키는지 느껴보십시오.

필사는 ‘옮겨 적기’에 그치지 않습니다. 여러분의 손을 거쳐 간 문장은 책 속의 글자를 떠나 여러분 안의 생각이 됩니다. 그렇게 쓴 단어는 인생의 일부가 되고, 정성으로 옮겨진 통찰은 여러분의 지혜로 자라납니다. 이 책의 문장들을 끝까지 필사하고 나면, 여러분은 문장을 베껴 쓴 사람이 아니라 깨달음을 체화한 사람이 되어 있을 것입니다. 수많은 지혜로운 사람들과 대화를 나누고, 그들의 통찰을 자기 것으로 만들며, 자기 자신을 한 단계 더 깊은 곳으로 이끈 사람이 되어 있을 것입니다.

이 책을 준비하는 동안, 한 단어도 허투루 쓰지 않으려 애썼습니다. 같은 의미를 전하더라도 더 정확한 단어를, 더 자연스러운 문장을, 더 깊은 울림을 주는 표현을 찾기 위해 고치고 또 고쳤습니다. 유독 집요하게 노력한 이유는 온전히 체화된 문장이 삶의 결정적인 순간에 여러분의 입술을 통해 터져 나오고, 흔들리는 발걸음을 붙잡아 주는 근간이 되기를 바랐기 때문입니다.

필사를 하시는 분들께 부탁드리고 싶습니다. 한 문장 한 문장을 곱씹으며, 그 안에 담긴 의미를 온전히 자기 것으로 만들어 가십시오. 마치 여러분이 그 명언의 화자가 된 듯, 이 글의 작가가 된 듯, 그 생각이 여러분 안에서 자라나도록 천천히, 깊이, 집중하며 쓰십시오. 글자가 손끝을 거쳐 종이 위에 안착하는 순간, 그 문장은 오롯이 여러분의 것이 됩니다.

한 단어를 곱씹으며 쓰는 시간이 여러분을 바꿀 것입니다. 서두르지 마십시오. 한 글자 한 글자가 자신 안에 뿌리내릴 때까지 천천히, 정성스럽게, 마음을 다해 쓰십시오. 이것이 이 책을 만든 이유이며, 이 책이 필사를 권하는 이유입니다. 이 여정이 진정한 깨달음의

시간이 되기를, 여러분만의 진실에 닿는 시간이 되기를 간절히 바
랍니다.

해야 할 일 앞에서는 누구도 준비되지 않는다.

그냥 해야 한다.

그것이 당신을 준비되게 만든다.

_플로라 레타 슈라이버

빨리 가고 싶다면 혼자 가라.

멀리 가고 싶다면 함께 가라.

_아프리카 속담

시간이라는 제약은 육신의 노쇠를 결정할 뿐 영혼의 지평까지 가둘 수는 없다. 우리가 진정으로 늙는 순간은 가슴 속 갈망이 사그라져 더 이상 내일을 기대하지 않게 될 때다. 꿈을 꾸는 마음이 살아 있는 한, 삶은 언제나 다시 시작될 여백을 품고 있다. 오늘이라는 하루는 늘 첫 장처럼 조용히 열려 있다.

꿈을 향해 내딛는 걸음에 너무 늦은 계절이란 없다. 오히려 나이 들어 되찾은 꿈은 조급한 욕망이 아닌, 오래 자신을 바라본 끝에 도달한 진실에 가깝다. 어제의 후회에 매몰되지 않고 오늘 새로운 목표를 세우는 행위는, 흘러가는 시간에 무기력하게 끌려가는 것이 아니라 스스로 삶의 방향을 정하겠다는 강력한 의지다.

인생은 마지막까지 미완성으로 남는 예술 작품과 같다. 남겨진 시간의 길이를 가늠하기보다 그 시간을 무엇으로 채울지 고민하는 태도가 삶의 밀도를 결정한다. 죽어가는 시간을 견디는 차원을 넘어 살아있는 시간을 창조하는 자에게, 물리적 나이는 더 이상 삶의 족쇄가 될 수 없다. 늦었다는 두려움보다 지금 시작하는 용기가, 지나간 후회보다 앞으로 나아갈 열망이 삶을 정의한다. 우리의 인생이 그러하기에 절대 늦은 때란 없다.

소포클레스

인생은 피할 수 없는 무게를 동반한다. 책임, 상실, 후회, 그리고 끝내 혼자 감당해야 하는 고독까지, 살아간다는 것은 끊임없이 짐을 짊어지는 일에 가깝다. 우리는 종종 이 무게를 없애려 애쓰지만, 삶의 고통은 견뎌야 할 조건에 가깝다. 그런 현실 속에서 인간을 무너지지 않게 붙드는 힘은 의외로 단순하다. 바로 사랑이다.

사랑은 고통을 사라지게 하지는 않는다. 대신 고통의 의미를 바꾼다. 무거운 짐을 지고도 가볍게 걸을 수 있는 이유는 내 마음속에 그 짐을 지고 갈 이유인 사랑이 가득하기 때문이다. 사랑하는 존재가 있을 때 사람은 쉽게 무너지지 않고, 견뎌야 할 순간마다 다시 일어설 힘을 얻는다. 사랑은 현실을 바꾸지 않지만, 현실을 견디는 인간을 바꾼다.

사랑은 고통 속에서도 살아가게 만드는 해방이다. 사랑하고 사랑받는 사람은 어떤 고난도 견딜 수 있고, 사랑이 없는 사람은 작은 무게에도 무너진다. 삶을 견딜 수 있게 만드는 것은 그 무게를 지고 갈 이유를 찾는 것이며, 그 이유의 이름은 언제나 사랑이다.

조지 버나드 쇼

감정의 소모를 불러일으키는 불필요한 분쟁에서 자신을 지켜내는 지혜는 삶의 품격을 결정한다. 수준이 맞지 않는 이와 다투는 일은 대개 정의의 구현이 아니라, 나의 영혼을 상대의 저급함에 동화시키는 과정이 되고 만다. 소중한 에너지를 낭비하는 사이 정작 지켜야 할 나만의 평온은 흙탕물 속에 잠겨버린다.

상대에게 상처를 주거나 설득하려는 시도는 때로 무의미하다. 진흙 속을 뒹구는 것이 본성인 이에게는 그 비열한 다툼조차 유희일 뿐이기 때문이다. 그들의 방식대로 대응하는 순간, 승패와 상관없이 나는 이미 품격을 잃고 상대가 원하는 싸움터에 발을 들여놓게 된다.

가장 현명한 승리는 다툼에 참여하지 않는 당당한 외면이다. 진흙탕 근처를 서성이지 않고 나의 길을 묵묵히 걷는 것이야말로 나를 존중하는 최선의 길이다. 무모한 씨름 대신 침묵과 거리를 택할 때, 우리는 타인의 비루함으로부터 스스로의 존엄을 온전히 지켜낼 수 있다.

이 지구상에 가만히 있는 것은 없습니다.
성장 중이거나 죽어가고 있습니다.
그것이 나무든 사람이든 마찬가지입니다.

루 홀츠

정체라는 상태는 실제로 존재하지 않는다. 겉보기엔 멈춰 있는 것처럼 보여도, 안쪽에서는 이미 방향이 정해지고 있다. 위로 뻗을 준비를 하거나, 보이지 않게 힘을 잃어가거나. 삶은 언제나 고요한 선택을 반복하며 우리를 어딘가로 데려간다.

아무 일도 하지 않았다고 느낀 하루에도 삶은 조용히 방향을 선택한다. 의식하지 못한 사이에도 우리는 이미 움직이고 있으며, 그 미세한 차이는 시간이 지나서야 슬며시 모습을 드러낸다.

성장은 언제나 눈에 띄지 않는다. 하루하루의 변화는 너무 작아 스스로도 체감하지 못한 채 흘러간다. 그러나 그 작은 축적이 쌓이면, 어느 순간 우리는 이전과는 다른 높이에 서 있음을 발견하게 된다.

사람도 나무와 다르지 않다. 배우고, 움직이고, 질문하는 순간에는 조금씩 자라고, 익숙함에 기대는 순간부터는 서서히 생기를 잃는다. 겉으로는 그대로인 듯 보여도, 안쪽에서는 이미 변화가 시작된다.

그래서 하루를 가늠하는 질문은 단순하다. 오늘 나는 어제보다 조금이라도 나아졌는가? 새로운 것을 배웠는가? 아니면 익숙한 것에만 머물렀는가? 그 대답이 곧 우리가 지금 어떤 방향으로 삶을 보내고 있는지를 말해줄 것이다.

우리는 과학과 기술에 절묘하게 의존하는
사회에서 살고 있지만, 과학과 기술에 대해
아는 사람은 거의 없다.

현대인은 화려한 기술의 혜택을 누리지만, 동시에 가장 무력한 관찰자로 전락했다. 칼 세이건의 말처럼 우리는 과학기술에 생존을 의존하면서도 그 작동 원리는 이해하지 못한다. 손가락 하나로 세상을 연결하지만 이면을 모르는 우리에게 기술은 마법에 가깝다. 원리를 모른 채 기술에 의존하는 삶은 필연적으로 주도권을 타인에게 넘기는 '지적 예속'으로 이어진다.

기술맹(技術盲) 사회는 편리함이라는 마취제로 비판적 사고를 잠재운다. 알고리즘의 추천을 진실로 받아들이고 기계의 판단을 운명처럼 따르는 태도는 인간의 판단 능력을 서서히 무디게 만든다. 작동 원리에 대한 이해를 포기하는 순간, 도구는 수단을 넘어 우리의 가치관을 규정하는 설계자가 된다.

우리에게는 지적 주권을 지키기 위해 내가 딛고 선 문명이 어떤 논리로 움직이는지를 끊임없이 묻는 '최소한의 저항'이 절실하다. 완전한 이해보다 중요한 것은 이해하려는 태도다. 기술을 맹신하지 않고 질문할 줄 아는 자세, 편리함 앞에서 한 번 더 생각하는 습관이 인간을 시스템의 부속품으로 만들지 않는다. 알지 못해도 묻는 사람과 묻지 않기로 선택한 사람 사이에는 사유의 주체성이라는 결정적인 차이가 생기고, 질문을 멈추지 않는 태도만이 기술의 시대 속에서도 인간을 인간으로 남게 한다.

죄의식을 느끼는 사람은
다른 사람의 결백을 견딜 수 없다.
그래서 그들은 다른 모든 사람을 자신의
수준으로 끌어내리려 할 것이다.

찰스 제임스 폭스

자신의 허물을 마주할 용기가 없는 자는 타인의 깨끗함을 시기하며 방어 기제를 작동시킨다. 타인의 청렴함은 그 자체가 자신의 일그러진 내면을 비추는 거울이 되기 때문이다. 그들은 스스로 고결해지기보다 타인을 진흙탕으로 끌어내려 자신의 오점을 평범한 것으로 둔갑시키려 한다.

이러한 끌어내리기는 비겁한 안도감을 얻기 위한 몸부림이다. 모두가 자신만큼 타락했다고 믿어야만 죄책감이 희석되기 때문이다. 그들은 결백한 진심을 의심하고 사소한 흠집을 찾아 부풀린다. 타인의 빛을 끄는 것으로 자신의 어둠을 감추려는 허망한 시도인 셈이다.

이들의 공격은 그들이 가장 두려워하는 것이 무엇인지 보여준다. 타인의 결백을 견디지 못하는 독설은 자신을 구원하지 못한 영혼의 비명과 같다. 그러므로 우리는 시기 어린 비난에 흔들릴 필요가 전혀 없다. 그들의 비방은 그들 내면의 짙은 그늘을 증명하는 고백일 뿐이다.

대부분의 사람들은
이해하려는 의도로 듣지 않는다.
그들은 대답하려는 의도로 듣는다.

스티븐 코비

같은 '듣기'라도 그 출발점에 따라 대화의 풍경은 완전히 달라진다. 누군가는 상대의 마음을 진심으로 따라가지만, 누군가는 자신의 말을 끼워 넣을 틈만 노린다. 전자의 귀는 상대를 향해 열려 있고, 후자의 귀는 오직 자기 차례를 기다리는 신호등을 향해 있다.

대답할 기회만 엿보며 듣는 이에게 상대의 말은 단지 반박을 위한 재료일 뿐이다. 이런 대화에서 이해는 사라지고, 순서만 바뀐 두 개의 독백이 공허하게 교차한다. 반면, 이해하려는 태도는 말의 속도보다 그 이면에 머무는 의미의 무게를 살핀다. 그 순간 대화는 사람의 영혼이 교감하는 품격 있는 조우로 진화한다.

진정한 소통은 얼마나 조용히 상대의 말 앞에 머물 수 있는가에 달려 있다. 상대를 이기려는 욕심을 내려놓고 그 마음이 닿을 때까지 기다려 주는 인내, 그 깊고 고요한 경청 속에서 사람과 사람 사이의 진짜 대화가 시작된다.

좋은 예술가는 모방하지만,
위대한 예술가는 훔친다.

파블로 피카소

좋은 예술가는 겉모습을 베끼지만, 위대한 예술가는 그 대상의 정수를 훔친다. '모방'이 타인의 뒤를 따르는 안전한 복제라면, '훔치는 것'은 타인의 유산을 자신의 세계로 끌어와 전혀 다른 생명으로 부활시키는 대담한 재창조다. 위대한 창조는 절대 무(無)에서 태어나지 않고, 타인의 빛나는 영혼을 내 안의 철학과 섞어 새로운 빛을 빚어낼 때 시작된다.

훔친다는 것은 대상의 본질을 해체하고 자신의 감각으로 재조립하는 치열한 내면화다. 출처가 무의미해질 만큼 깊이 스며들어 마침내 나의 일부가 되었을 때, 그것은 오직 나만의 언어가 된다. 위대한 이들은 타인의 아이디어를 빌려오는 데 그치지 않고, 그것을 파괴적인 영감 속에 던져 넣어 세상에 없던 고유한 형상을 추출해 낸다.

창조란 세상의 흩어진 파편들을 '나'라는 필터로 걸러내어 고유한 서사를 부여하는 일이다. 타인의 흔적에 나만의 색채를 짙게 투영하여 원본의 경계를 지우고 나만의 형상을 새롭게 빚어내야 한다. 그렇게 타인의 정수를 정중히 약탈하여 내 삶의 문법으로 완전히 녹여낼 때, 우리는 위대함의 문턱에 들어서기 시작한다.

윌리엄 버틀러 예이츠

낯설다는 감정은 사람 때문이 아니라, 서로의 이야기가 아직 서로에게 닿지 않았기에 생기는 거리일 뿐이다. 우리는 알지 못하는 대상 앞에서 쉽게 긴장하고, 그 공백을 경계로 채우곤 한다. 하지만 단 몇 마디의 대화, 사소하게 겹쳐진 삶의 궤적만으로도 멀게 느껴지던 거리는 의외로 빠르게 좁혀진다.

우리는 종종 경계부터 세우지만, 사실 대부분의 만남은 가능성으로 시작된다. 서로를 이해할 시간이 없었을 뿐, 어쩌면 이미 같은 방향을 바라보고 있을지도 모른다. 세상은 우리가 생각하는 것만큼 차갑지 않다. 아직 이름을 부르지 못한 관계들이, 조용히 만남의 순간을 기다리고 있을 뿐이다.

먼저 다가간다는 것은 관계를 시작하는 용기이자, 세상을 조금 더 넓게 믿어보는 선택이다. 낯섦을 의심이라는 틀에 가두지 않을 때, 모든 우연한 만남은 천천히 온기를 머금기 시작한다. 그렇게 마음의 거리가 허물어질 때, 평범한 인연은 언제든 진실한 우정으로 이어질 준비를 마친다. 여기에는 낯선 사람이 없다. 아직 만나지 않은 친구들만 있을 뿐이다.

진실은 당신에게 맞추려고
자신을 굽히지 않는다.

맬로리 블랙맨

　진실은 인간의 욕망이나 형편에 맞춰 모양을 바꾸는 유연한 존재가 아니다. 그것은 누군가에게 발견되기를 기다리거나 동의를 구하지 않으며, 그저 그 자리에 요지부동으로 서 있는 거대한 암반과 같다. 우리가 진실을 외면하거나 듣기 좋은 말로 그 거친 표면을 덮으려 애쓴다고 해서 진실의 무게가 가벼워지는 법은 없다. 진실의 가장 잔인하고도 위대한 성질은 결코 인간의 사정에 맞춰 자신을 굽히지 않는다는 점에 있다.

　선택권은 진실이 아니라 우리에게 있다. 자신의 오만과 편견을 굽혀 진실의 높이에 스스로를 맞출 것인지, 아니면 끝까지 허상을 좇다 진실이라는 벽에 부딪혀 깨질 것인지 결정해야 한다. 진실은 타협하지 않기에, 우리가 진실과 조화를 이룰 수 있는 유일한 방법은 우리 자신의 모순을 깎아내어 진실의 궤도에 스스로를 정렬하는 것뿐이다.

　진실을 받아들이는 과정은 때로 뼈아픈 자기부정을 동반한다. 그 아픔을 견디며 진실의 형체에 나의 삶을 일치시키는 과정에서, 인간은 달콤한 거짓의 기만을 물리치고 그보다 훨씬 거대하고 자유로운 진실의 초석 위에서 삶을 재건한다. 무엇과도 타협하지 않는 진실의 속성은, 역설적으로 우리가 온 생애를 기댈 수 있는 가장 단단한 기둥이 된다.

진실은 당신을 자유롭게 할 것이다.

하지만 먼저 당신을 비참하게 만들 것이다.

_글로리아 스타이넘

당신이 스스로 인생 계획을 세우지 않으면,

결국 다른 누군가의 계획 속에 떨어지게 될 것이다.

그리고 그들이 당신을 위해 준비해둔 것은?

별로 없다.

_짐 론

사실의 반대는 거짓이지만,
심오한 진리의 반대는 또 다른
심오한 진리일 수 있다.

닐스 보어

　사실은 하나의 답을 요구하지만, 진리는 종종 둘 이상의 방향을 품는다. 그래서 사실의 세계에서는 옳고 그름이 분명하지만, 진리의 세계에서는 서로 모순되어 보이는 말들이 동시에 의미를 가진다. 단순한 사실이 눈앞의 현상을 설명한다면, 진리는 그 현상 이면에 숨겨진 거대한 질서의 복잡성을 통째로 껴안기 때문이다.

　깊은 생각일수록 단정적인 문장으로 끝나지 않는다. 한 진리를 끝까지 밀어붙이면 그 반대편에서도 또 다른 진리가 모습을 드러낸다. 그 모순은 언뜻 오류처럼 보일지라도, 실상은 깊이에 도달했다는 명백한 신호다. 마치 수평선이 하늘과 바다라는 전혀 다른 두 세계를 동시에 품어 하나의 풍경을 완성하듯, 깊은 사유는 양립할 수 없어 보이는 가치들을 유기적으로 결합하며 비로소 전한 실체에 다가선다.

　성급한 확신은 생각을 멈추게 하지만, 서로 다른 진리를 함께 견디는 태도는 사유를 한 단계 더 성숙하게 만든다. 진리에 가까워질수록 정답을 선택하려 하기보다, 서로 다른 답들이 공존할 수 있음을 받아들일 수 있게 된다. 그 인식 속에서 사고는 닫히지 않고 계속 살아 움직인다. 상반된 가치들이 내면에서 격렬하게 충돌하고 화해하는 그 팽팽한 소란함이야말로, 한 인간의 정신이 박제가 되지 않고 깨어 있다는 가장 확실한 증거다.

나는 때때로 사람들의 마음이
깊은 우물과 같다고 생각한다.
바닥에 무엇이 있는지는 아무도 모른다.
우리가 할 수 있는 건,
가끔 떠오르는 것을 보고
짐작하는 것뿐이다.

무라카미 하루키

사람의 마음은 드러나는 만큼만 보인다. 말과 표정, 선택은 수면 위로 잠깐 떠오른 조각일 뿐이다. 그 아래에는 시간, 기억, 말해지지 않은 감정들이 겹겹이 가라앉아 있다.

타인을 이해한다는 말은 사실 조심해야 할 표현이다. 다만 우리는 보여준 만큼을 존중하고, 보이지 않는 부분은 섣불리 채우지 않을 뿐이다.

모를 수 있다는 마음을 남겨두는 것, 짐작보다 기다림을 선택하는 것. 그 적절한 거리감 속에서 사람의 마음은 온전히 숨을 쉬기 시작한다.

당신은 인생에서 원하는
모든 것을 얻을 수 있다.
단, 다른 사람들이 원하는 것을
얻도록 도와주기만 하면 된다.

지그 지글러

성공은 타인을 앞질러 나가는 선형적 질주이기보다, 타인의 결핍을 채워 내 세계의 지평을 넓히는 입체적인 확장이다. 타인의 필요를 먼저 살피는 순간, 메마른 거래는 단단한 신뢰로 전환되며, 모든 성과는 고립된 개인의 결과물이 아닌 유기적인 연결망이 빚어낸 합작품으로 재정의된다. 그 과정에서 얻는 진짜 수확은 누구나 곁에 두고 싶어 하는 평판과 거듭해서 찾아오는 운명적인 기회의 누적이다.

가장 경계해야 할 것은 도움의 뒷면에 숨겨진 얄팍한 계산이다. 역설적이게도 조건이 배제된 도움일수록 그 영향력은 더 멀리 뻗어 나가며, 돌아오는 보상의 통로 또한 비교할 수 없이 넓어진다. 단기적인 손익에 매몰되지 않는 순수한 배려는 상대의 내면에 지워지지 않는 부채감을 남기고, 그것은 훗날 그 어떤 계약서보다 강력한 구속력을 발휘한다.

내가 원하는 것을 가장 신속하게 쟁취하는 전략은, 아이러니하게도 나 자신을 중심에서 치워버리는 이타적인 선택에 있다. 타인의 성공을 나의 기쁨으로 삼는 안목이야말로 가장 높은 차원의 주도권 장악이다. 나를 비워 타인을 채우는 그 유연한 결단이, 나를 세상의 중심에 세우는 가장 든든한 토대가 된다.

시간이 부족하다고 말하지 마라.
당신은 헬렌 켈러, 파스퇴르,
미켈란젤로, 마더 테레사,
레오나르도 다 빈치, 토머스 제퍼슨,
그리고 알베르트 아인슈타인에게
주어졌던 것과 정확히 같은 시간을 하루에 가지고 있다.

H. 잭슨 브라운 주니어

시간은 누구에게나 공평하게 주어진다. 하지만 모두가 시간을 똑같이 쓰는 것은 아니다. 모두에게 매일같이 공급되는 24시간이지만 시간의 밀도는 엄연히 다르다. 시간은 흐르는 자원의 형상을 하고 있으나, 실상은 인간의 의지가 투영되어 농도를 달리하는 입체적인 공간이다.

많은 사람이 바쁜 하루를 보내지만, 어떤 사람은 시간을 흘려보내고 어떤 사람은 그 안에 방향을 심는다. 위대한 성취는 더 분명한 선택에서 나온다. 그런 의미에서 시간이 없다는 말은 종종 우선순위를 정하지 않았다는 고백에 가깝다. 무엇을 미루고 무엇을 남길지 결정하는 순간, 같은 하루는 전혀 다른 밀도로 채워진다.

시간은 중립적이다. 우리에게 기회를 주지만 강요하지 않고, 가능성을 열어두지만 선택하지는 않는다. 시간의 가치는 시간 자체에 있지 않고, 그 안에 무엇을 담았느냐에 있다. 그러므로 우리는 흘러가는 시간을 탓하기보다, 그 시간에 무엇을 새겼는지 돌아봐야 한다. 진실은 명확하다. 시간은 우리를 속이지 않는다. 우리가 그 비어있는 가능성을 어떻게 조각했는지가, 조용히 우리 자신의 본질을 빚어낼 뿐이다.

모든 것을 처음 또는
마지막으로 보는 것처럼 보라.

베티 스미스

익숙함이라는 안경을 벗고 세상을 대하는 태도는 삶의 경이로움을 회복하는 유일한 길이다. 매일 반복되는 풍경도 처음 마주하는 설렘으로 대하면 생경한 아름다움이 피어나고, 다시는 볼 수 없는 마지막 순간처럼 애틋함으로 대하면 모든 존재는 그 자체로 눈부신 기적이 된다.

처음인 듯 세상을 대할 때 우리 안의 호기심은 깨어난다. 타성에 젖어 무심히 흘려보냈던 일상의 조각들이 고유한 빛깔과 질감을 드러내기 때문이다. 반대로 마지막인 듯 대할 때 우리는 소중함을 깨닫는다. 시간의 유한함을 직시하는 순간, 오늘이라는 하루는 함부로 소비할 수 없는 고귀한 축복으로 거듭난다.

인생의 충만함을 결정하는 것은 일상을 마주하는 시선의 깊이다. 매 순간을 처음이자 마지막으로 여기는 마음은 우리를 현재에 온전히 머물게 한다. 그 시선의 끝에서 우리는 발견할 것이다. 가장 익숙했던 자리에 가장 찬란한 생의 진실이 숨어 있었음을.

잘 보낸 하루가
행복한 잠을 가져다주듯,
잘 보낸 삶이
행복한 죽음을 가져다준다.

하루를 마쳤을 때 마음이 조용히 가라앉는 날이 있다. 더 해내지 못한 아쉬움보다 외면하지 않았다는 감각이 남는 날이다. 그럴 때 잠은 자연스럽게 찾아온다.

삶의 끝도 그와 닮아 있다. 행복한 죽음이란 도망치지 않고 살아왔다는 담담한 확신에서 비롯된다. 미뤄둔 진실이 적을수록, 삶은 가볍게 정리된다.

오늘을 정직하게 최선을 다해 사는 일은 미래를 대비하는 계산이 아니다. 하루하루를 제대로 마무리하는 습관이 삶 전체를 평온한 끝으로 이끄는 것이다.

눈을 감는 순간, 세상은 오히려 더 선명해진다. 시각이 물러나면 감정과 기억, 호흡이 앞으로 나선다. 가장 진실한 감정은 항상 조용하다. 그것들은 시선을 요구하지 않고 집중을 요구한다. 눈을 감는 행위는 감각을 흩어지지 않게 모으는 방식이며, 외부로 향하던 의식을 안쪽으로 회수하는 섬세한 의식의 조율이다.

삶에서 정말 중요한 순간들은 대개 설명되지 않는다. 그저 느껴지고, 몸에 남아 기억이 된다. 누군가의 손을 잡았던 온기, 고요 속에서 들렸던 호흡 소리, 말없이 함께 있었던 시간의 무게. 그런 것들은 눈으로 본 것이 아니라 온몸으로 경험한 것이다. 보지 않으려는 태도 속에서 우리는 오히려 가장 많은 것을 만난다. 눈을 뜨고 있을 때는 표면만 보이지만, 눈을 감으면 깊이가 느껴진다.

가끔은 눈을 뜨는 연습보다 눈을 감는 연습이 필요하다. 보이는 세계에서 한발 물러나는 일은 마음을 자신에게로 되돌려 놓는다. 세상은 끊임없이 우리의 시선을 요구하지만, 진짜 삶은 눈을 감았을 때 들리기 시작한다. 그래서 눈을 감는다는 것은 내면을 열어두는 것이며, 보이는 세계 너머의 감각에 조용히 귀 기울이는 일이다.

우리가 그들을 잊기 전까지,
죽은 이들은 결코 우리에게
죽은 존재가 아니다.

조지 엘리엇

　죽음은 육체의 소멸이지 존재의 소멸이 아니다. 떠난 이가 우리 기억 속에 살아 있는 한, 그들은 여전히 우리와 함께 있다. 그들의 목소리가 우리 안에서 울리고, 그들의 가르침이 우리 선택에 영향을 주며, 그들과 나눈 순간들이 우리 삶을 구성한다. 기억되는 한 그들은 죽지 않는다.

　진짜 죽음은 망각이다. 누구도 그 사람을 떠올리지 않고, 아무도 그 이름을 부르지 않으며, 남겨진 흔적이 완전히 지워지는 지점에서 한 인간은 소멸한다. 육체적 죽음은 첫 번째 죽음이고, 망각은 두 번째 죽음이다. 두 번째 죽음이야말로 종국적 소멸을 뜻한다.

　기억하는 것은 사랑의 마지막 형태다. 떠난 이를 떠올리고 그들의 이야기를 나누며 우리에게 남긴 유산을 간직하는 일은, 추모를 넘어 그들을 계속 살게 하는 실천이다. 우리가 그들을 기억하는 한, 그들은 우리 안에서 여전히 숨을 쉰다.

레이 브래드버리

　사회의 정신적 근간을 위협하는 가장 치명적인 무기는 무관심이다. 외부의 힘으로 지식을 탄압하는 야만성보다, 스스로 읽기를 멈춘 일상의 나태함이 공동체의 지성을 더 철저히 붕괴시킨다. 책이 사라지는 시점은 종이가 타버릴 때가 아니라, 그 안에 담긴 사유의 가치가 사람들의 의식에서 지워질 때이다. 스스로 생각하기를 멈춘 사회에서 지식의 생태계는 형체만 남은 채 서서히 고사한다.

　독서는 시대의 이면을 통찰하고, 권력의 모순을 비판하며, 자신을 성찰하는 숭고한 행위이다. 사람들이 스스로 책을 멀리할 때, 사회는 비판적 사고력을 상실하고 자극적인 선동에 취약해진다. 가시적인 억압은 자유에 대한 갈망을 깨우지만, 독서를 외면한 대중은 자신의 사유가 잠식당하는 줄도 모른 채 수동적인 존재로 전락한다.

　한 시대의 품격은 시민들의 읽는 습관에 의해 결정된다. 문화를 지키는 일은 소음 속에서도 책을 펼쳐 드는 개인의 고요한 저항이다. 우리가 문장을 읽고 끊임없이 질문하기를 포기하지 않는 한, 어떤 권력도 우리 내면의 세계를 무너뜨릴 수 없다. 지성의 생명력은 읽고 사유하는 깨어 있는 정신 속에 존재하기 때문이다.

인생에는 두 가지 기본적인 선택이 있다.
현재 상황을 있는 그대로 받아들이거나,
그것을 바꿀 책임을 받아들이는 것이다.

데니스 웨이틀리

인생이라는 갈림길에서 우리는 매 순간 두 가지 태도 중 하나를 결정해야 한다. 주어진 환경을 불가항력적인 운명으로 받아들이며 순응하거나, 그 상황을 재구성할 주체적인 책임을 기꺼이 짊어지는 것이다. 전자는 당장의 안락함에 머물게 하지만, 후자는 거친 고통을 통과하며 끝내 우리를 성장의 정점으로 이끈다.

변화는 불평을 멈추고 '내가 무엇을 할 수 있는가'를 묻는 지점에서 시작된다. 진정한 삶의 주인은 결핍과 난관조차 자신이 감당해야 할 몫으로 수용한다. 책임을 선택한다는 것은 결과에 대한 두려움을 뚫고, 내 삶의 항로를 스스로 결정하겠다는 단호한 의지의 표현이다.

미래의 나는 오늘 내가 기꺼이 수용하기로 한 책임의 무게 위에서 완성된다. 책임은 삶의 불확실성을 주체적인 확신으로 바꾸어 놓는 유일한 열쇠다. 주어진 환경이라는 흐름에 몸을 맡긴 채 표류할 것인지, 스스로 삶의 주도권을 쥐고 새로운 길을 개척해 나갈 것인지는 오직 책임을 직시하는 당신의 결단에 달려 있다.

모든 진실에는 양면성이 있으므로

어느 한쪽에 치우치기 전에

양쪽을 모두 살펴보는 것이 중요하다.

_이솝

사람은 자신의

무지에 비례하여 오만하다.

_에드워드 조지 불워리턴

말하기 전에 자신에게 물어보라.
세 개의 체로 걸러지지 않으면
누구에 대해서도 아무것도 말하지 마라.
그것은 사실인가? 친절한가? 필요한가?

에이미 카마이클

입술을 떠난 말은 흩어지지 않고 타인의 내면에 뿌리를 내린다. 때로는 위로가 되지만, 때로는 가시가 되어 누군가에게 고통의 근원이 된다. 그렇기에 말을 내뱉기 전, 세 겹의 체로 마음을 걸러내야 한다.

첫 번째는 진실이다. 추측과 편견이 섞인 말은 타인의 삶을 왜곡하는 무기가 된다. 두 번째는 친절이다. 온기 없는 진실은 때로 얼음송곳처럼 상대의 가슴을 후벼파기 때문이다. 마지막은 필요다. 사실이고 친절할지라도 그 말이 함께 하는 모두에게 보탬이 되는지 헤아려야 한다.

이 체들을 통과하지 못한 말은 차라리 침묵 속에 머무는 것이 옳다. 말을 아끼는 것은 타인의 존엄을 지키기 위한 배려다. 사려 깊은 말만이 삶의 품격을 증명하고, 우리 사이의 거리를 진심으로 채워준다.

우리 모두는 시궁창에 있지만,
어떤 이들은 별을 바라보고 있다네.

오스카 와일드

　우리는 저마다의 결핍과 비루한 현실이라는 시궁창 속을 살아간다. 삶이 무겁게 짓눌릴수록 시선은 자연스레 아래로 떨어지고, 사람은 절망의 깊이부터 재게 된다. 고개를 숙이는 일은 쉽고, 그 어둠에 머무는 일은 익숙하다. 하지만 그 어두운 구덩이 속에서도 누군가는 고개를 들어 밤하늘의 별을 응시한다.

　별을 바라보는 일은 비참함 속에서도 훼손되지 않는 영혼의 가치를 찾으려는 의지다. 별은 손에 닿지 않는 거리에서 빛나지만, 그 존재만으로도 인간은 방향을 잃지 않는다. 눈앞의 어둠이 길을 가로막을 때, 그 희미한 빛은 우리가 어디로 향해야 하는지를 조용히 가리킨다.

　삶을 바꾸는 것은 머무는 시선의 위치다. 발이 진흙탕에 빠져 있을지라도 마음이 드높은 곳을 향할 때, 시궁창은 더 이상 감옥이 아닌 별을 꿈꾸는 출발점이 된다. 어떤 순간에도 별을 바라보길 멈추지 않는다면, 우리 안의 어둠은 결국 빛을 더욱 선명하게 드러내는 배경으로 남는다. 그리고 그 빛을 향해 나아가려는 의지야말로, 인간을 끝까지 인간답게 지켜주는 마지막 힘이다.

간단한 일을 완벽하게 해낼
인내심을 가진 사람만이 어려운 일을
쉽게 해낼 능력을 얻게 된다.

제임스 J. 코벳

위대한 성취는 사소한 반복의 끝에서 태어난다. 그 변화는 늘 조용히, 눈에 띄지 않게 진행된다. 사람들은 화려한 결과에 매료되지만, 정작 그 결과를 만든 동력은 아무도 눈여겨보지 않는 평범한 일상을 성실히 채워낸 인내심이다.

간단한 일을 완벽하게 해내는 과정은 단순히 숙련도를 높이는 시간이 아니다. 그 시간은 자신을 속이지 않는 연습이기도 하다. 그것은 자신의 한계를 마주하고 흐트러지는 마음을 다잡는 정교한 훈련이다. 작은 일에 온 정성을 쏟아 본 사람만이 어려운 과업 앞에서도 흔들리지 않는 평정심과 지혜를 발휘할 수 있다.

기초가 견고한 성은 비바람에 무너지지 않듯, 사소한 성취를 겹겹이 쌓아 올린 시간은 결국 거대한 문제를 꿰뚫는 통찰의 힘으로 응축된다. 그렇게 우리는 지금 눈앞의 단순한 일이 미래의 큰 기회를 맞이할 준비를 만드는 과정임을, 그리고 인내로 다져진 평범함이야말로 비범함으로 나아가는 유일한 통로임을 잊지 말아야 한다.

사랑에 빠진 노인은
겨울에 핀 꽃과 같다.

조제 마리아 에사 드 케이로스

순리를 거스르고 피어난 존재는 그 자체로 깊은 경의를 불러일으킨다. 만물이 생명력을 잃고 움츠러드는 겨울, 대지의 냉기를 뚫고 피어난 꽃은 치열한 생의 의지 그 자체다. 인생의 황혼에 찾아온 사랑 역시 혹독한 계절을 견디고 기어이 고개를 내민 꽃잎과 같다. 그것은 생의 끝자락에서 피어난 마지막 욕망이 아니라, 모든 계절을 겪어낸 영혼이 비로소 마주한 가장 정직한 생의 응답이다.

겨울꽃은 봄날의 화사함에 기대지 않는다. 시린 바람 속에서 오직 제 안의 온기만으로 꽃망울을 터뜨려야 하기에 그 빛깔은 더욱 선명하고 시리도록 고결하다. 노년의 사랑 또한 수많은 상실과 고독을 지나온 영혼이 바치는 가장 순수하고도 정제된 정열이다.

추위 속에 피어난 꽃은 보는 이의 가슴에 깊은 울림을 남긴다. 사랑에 빠진 노인의 모습은 세월조차 가둘 수 없는 인간 본연의 순수함을 증명하며, 무채색의 풍경에 생동감을 불어넣는다. 겨울꽃이 계절의 불모를 이겨내듯, 노년의 사랑은 여전히 뜨겁게 뛰고 있는 심장 박동으로 살아있음을 노래한다. 그렇게 피어난 사랑은 죽어가는 것들로 가득한 세상에서 인생이 마지막 순간까지 아름다울 권리가 있음을 보여주는 가장 위대한 증거가 된다.

인생의 참된 의미는 자신이
그 그늘 아래 앉을 것이라
기대하지 않는 나무를 심는 것이다.

넬슨 핸더슨

인생의 진정한 품격은 자신의 생애 안에 수확할 수 없는 열매를 위해 땀을 흘리는 마음에서 시작된다. 사람들은 대개 즉각적인 보상과 안온한 보금자리를 바라며 움직이지만, 어떤 이들은 자신이 누릴 수 없는 미래의 휴식을 위해 묵묵히 삽을 든다.

나무를 심는 행위는 현재의 나를 넘어선 먼 세대와 보이지 않는 약속이다. 뜨거운 볕을 가려줄 무성한 잎사귀는 내 손에서 자라지만, 그 시원한 그늘은 결국 타인의 쉼터가 된다. 이 대가 없는 헌신이야말로 인간이 시간에 대항해 남길 수 있는 가장 아름다운 흔적이다.

종국적으로 삶의 가치는 내가 무엇을 가졌느냐가 아니라 무엇을 남겼느냐로 완성된다. 당장의 그늘이 내게 주어지지 않더라도, 훗날 누군가 그 나무 아래서 숨을 고를 때 나의 생은 시공간을 초월해 영속한다. 보상을 바라지 않는 선의야말로 우리 삶을 가장 숭고하게 만드는 빛이다.

절제의 경계를 넘어서면, 가장 큰 즐거움들도 더 이상 즐겁지 않게 된다.

즐거움은 크기보다 거리에서 유지된다. 너무 가까이 다가가면 기쁨은 영혼을 깨우는 감각의 지위를 잃고, 한낱 소모품에 불과한 소비의 대상으로 추락한다. 반복된 자극은 처음의 설렘을 지우고, 결국 무감각만을 남길 뿐이다. 가까워질수록 더 많이 원하게 되고, 더 많이 원할수록 만족은 짧아진다.

절제는 즐거움을 줄이기 위한 장치가 아니다. 오히려 즐거움을 오래 머물게 하기 위한 조건이다. 멈출 줄 알 때 감각은 닳지 않고, 기다릴 줄 알 때 기쁨은 깊어진다. 적당한 간격은 욕망을 억압하는 것이 아니라, 그것이 스스로 숨 쉴 공간을 마련해준다.

넘침은 처음엔 쾌락처럼 느껴지지만, 곧 피로로 바뀐다. 더 강한 자극을 요구하게 되고, 그 순간부터 즐거움은 선택의 영역이 아니라 강요의 영역으로 미끄러진다. 즐거움이 강요에 종속되는 되는 순간, 그것은 더 이상 즐거움이 아니다. 오히려 비극적인 고통으로 변질된다.

절제는 기쁨을 보호하는 태도다. 경계를 세울 때 감정은 오래 살아남고, 거리 덕분에 즐거움은 다시 기다림의 얼굴을 되찾는다. 스스로 멈출 수 있는 사람만이 기쁨을 오래 곁에 둘 수 있다.

궁극적인 비극은 악한 사람들의
억압과 잔혹함이 아니라,
그것에 대한 선량한 사람들의
침묵이다.

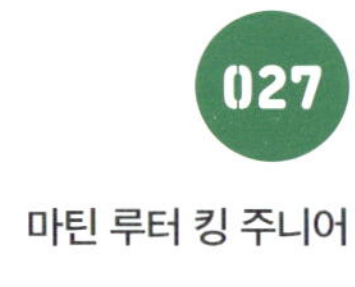

악은 늘 소란스럽지만, 침묵은 너무 조용해서 자신을 무고하다고 착각하게 만든다. 아무 말도 하지 않았다는 이유로 아무 책임도 없다고 믿게 되는 순간, 비극은 필연적으로 시작된다. 침묵은 행위가 아닌 듯 보이지만, 결과 앞에서는 분명한 선택으로 기록된다.

침묵은 중립의 얼굴을 하고 있지만 실제로는 한쪽을 선택한다. 아무 말도 하지 않는 사이에도 상황은 기울고, 그 기울어진 무게는 늘 힘 있는 쪽으로 쏠린다. 말하지 않음은 균형을 유지하는 태도이기보다, 이미 움직이고 있는 흐름을 묵인하는 방식일 뿐이다.

선량함은 마음속에만 있을 때 세상을 바꾸지 못한다. 불편함을 감수하고 목소리를 낼 때에야 비로소 우리의 진심이 실체가 된다. 침묵 속의 정의는 자신의 영혼을 달랠 수는 있어도, 세상의 비극 앞에서는 그저 정적(靜寂)에 불과하다.

이 말은 영웅이 되라는 요구가 아니다. 다만 침묵이 가장 쉬운 선택일 때, 그 쉬움이 무엇을 허용하고 있는지 한 번 더 자각하라는 간곡한 요청이다. 아무것도 하지 않음이 가장 안전해 보이는 순간일수록, 그 안전이 누구의 고통 위에 세워져 있는지 돌아보라는 조용한 경고이기도 하다.

사람들이 역사의 교훈에서
많은 것을 배우지 못한다는 것은
역사의 모든 교훈 중에서
가장 중요한 교훈이다.

역사는 무수한 시행착오의 기록이자 인류 지성의 집대성이지만, 인류는 놀라울 정도로 그 가르침을 외면한다. 과거의 비극이 오늘날 다른 이름으로 반복되는 이유는 우리가 역사를 타자의 기록으로만 치부할 뿐, 현재를 비추는 거울로 삼지 않기 때문이다.

배움이 없는 답습은 비극의 재생산을 부른다. 같은 실수와 탐욕, 증오가 시대의 옷만 갈아입고 되풀이되는 과정에서 문명은 진보하는 듯 보이나 내면의 어리석음은 제자리를 맴돈다. 역사를 지식으로만 암기하고 그 속에 담긴 인간 본성을 통찰하지 못할 때, 과거의 오답은 미래의 예언이 된다.

중요한 것은 역사를 지식으로 소유하는 것이 아니라, 삶을 대하는 감각으로 체득하는 일이다. 과거는 현재 우리가 내리는 선택 하나하나에 깃들어 있는 살아있는 경고이다. 끊임없이 되풀이되는 연쇄적 비극을 멈추는 힘은 어제를 거울삼아 오늘을 다르게 살겠다는 지극히 개인적이고 정직한 성찰에서 시작된다.

대니얼 데닛

행복은 나라는 좁은 울타리에 몰두할 때보다, 시선을 바깥의 고결한 가치로 돌릴 때 찾아온다. 자신만을 위한 만족은 짧은 유희처럼 일시적이나, 나보다 더 거대한 의미에 삶을 의탁할 때 존재는 흔들리지 않는 뿌리를 내린다. 대지에 깊게 내린 뿌리가 폭풍우 속에서도 나무를 굳건하게 지탱하듯, 초월적 목적에 닿아 있는 삶은 세속의 부침에도 쉽게 휘둘리지 않는 평온을 얻는다.

자신보다 소중한 무언가에 헌신하는 것은 더 큰 세계로 나를 확장하는 과정이다. 개인적 욕망을 넘어 숭고한 신념이나 타인의 삶에 마음을 쏟을 때, 우리는 존재의 허기를 극복하고 충만한 기쁨을 맛본다. 그것은 소유에서 오는 만족이 아니라, 연결과 책임에서 비롯되는 깊은 안정감이다.

가장 깊은 행복은 몰입과 헌신의 끝에서 태어난다. 내가 사라질 만큼 가치 있는 일에 생을 던지는 순간, 역설적으로 가장 단단한 자아를 발견하게 된다. 자신을 넘어서는 목적을 가질 때 삶의 고통은 의미로 치환되고, 평범한 일상은 경건한 사명으로 거듭난다.

단지 죽은 물고기들만이
물결을 따라 흘러간다는 것을
결코 잊지 말라.

맬컴 머거리지

흐름을 따른다는 말은 편안하게 들리지만, 그 안에는 종종 생각을 멈춘 상태가 숨어 있다. 아무 저항도 없이 흘러가는 삶은 자유처럼 보이지만, 실은 선택을 유예한 채 방향을 외부에 맡겨버린 방치에 가깝다. 방향을 정하지 않은 평온은 잠시 유지될 수 있어도, 오래 지속되지는 않는다.

살아 있다는 감각은 거슬러 오를 때 선명해진다. 의문을 품고, 속도를 늦추고, 다수의 방향과 다른 결정을 내릴 때 자기 몫의 길이 만들어진다. 모두가 빠르게 흘러갈 때 멈춰 서는 용기, 당연하게 여겨지는 것에 질문을 던지는 태도 속에서 삶은 다시 감각을 되찾는다.

우리는 지금 가고 있는 이 길이 의도된 선택인지, 아니면 반복된 습관이 만든 결과인지 스스로에게 물어볼 필요가 있다. 남들이 가는 방향이 아니라, 내가 납득할 수 있는 이유로 걷고 있는지 점검해야 한다.

살아 있는 선택은 늘 의지를 요구한다. 그 의지를 실제 행동으로 옮기는 순간, 우리는 더 이상 흐름에 휩쓸리지 않고, 오롯이 자신만의 인생을 살아가기 시작한다.

무언가를 원한다는 것만으로는 부족하다.

당신은 그것을 굶주리듯 갈망해야 한다.

반드시 맞닥뜨리게 될 장애물을 극복하려면,

동기가 절대적으로 강해야 한다.

_레스 브라운

사람들은 세상에 대한

자신의 의견이 곧 자신의 인격에 대한

고백이기도 하다는 것을

깨닫지 못하는 것 같다.

_랠프 월도 에머슨

신이시여, 비록 희망이 없다고
생각할지라도 제가 옳다고
생각하는 것을 포기하지 않을
용기를 주소서.

체스터 니미츠

　　신념의 가치는 희망조차 보이지 않는 칠흑 같은 어둠 속에서 증명된다. 눈앞의 결과가 절망적일 때 우리가 붙잡아야 할 것은 승리에 대한 낙관보다는, 옳다고 믿는 가치에 대한 결연한 의지다. 신념은 상황이 좋을 때만 갖는 것이 아닌, 상황이 최악일 때도 버리지 않는 것이다.

　　용기란 두려움이 없는 상태가 아니다. 무너져가는 현실 속에서도 마땅히 지켜야 할 진실을 저버리지 않는 고결한 고집이다. 성공의 가능성이 희박할지라도 가야 할 길을 걷는 사람에게 현실의 패배는 결코 영혼의 굴복으로 이어지지 않는다.

　　인간을 위대하게 만드는 것은 과정에 깃든 기개다. 희망이 고갈된 순간에도 양심을 배신하지 않을 용기를 구하는 것은 삶의 주권을 내면에 두겠다는 선언과 같다. 세상이 외면할지라도 옳음을 포기하지 않는다면, 그 고독한 투쟁 자체가 이미 완전한 승리다.

실패하면 실망할 수도 있지만,
시도하지 않으면 절망할 것이다.

베벌리 실즈

실망은 결과에서 오지만, 절망은 선택에서 온다. 넘어졌다는 사실보다 아예 걸어보지 않았다는 감각이 사람을 더 오래 붙잡는다. 실패의 기억은 시간이 지나면 흐려지지만, 시도하지 않았다는 후회는 좀처럼 사라지지 않는다. 그래서 사람을 지치게 하는 것은 결과이기보다, 손끝에서 빠져나간 비워진 가능성이다.

실패는 구체적이다. 이유가 있고, 흔적이 남고, 다음 선택을 위한 재료가 된다. 넘어졌던 자리에는 배움이 쌓이고, 잘못 디딘 발끝은 방향을 가르쳐 준다. 반면 시도하지 않은 시간은 아무것도 남기지 않는다. 설명할 이유도, 고칠 지점도 없이 공백으로 남는다. 그래서 마음은 더 쉽게 메마르고, 스스로에게 질문조차 던질 수 없게 된다.

용기는 충분히 준비됐을 때 생기지 않는다. 오히려 해보지 않고 남게 될 감정을 더는 견디고 싶지 않다는 마음에서 비롯된다. 미완의 후회보다 선명한 실패를 택하는 결단, 거기서 용기는 시작된다. 실패를 기꺼이 감수한 자리에서, 절망은 더 이상 머물 곳을 찾지 못하고 사라진다.

시도는 성공을 보장하는 행위가 아니라 절망으로 굳어지는 것을 막는 선택이다. 결과가 어떻든, 한 걸음 내디뎠다는 사실만으로 삶은 다시 방향을 얻는다. 그리고 움직임이 생긴 자리에는 언제나 다음 가능성이 따라오게 마련이다.

하루에 한 번도 춤추지 않은 날은
잃어버린 날로 생각해야 한다.

프리드리히 니체

춤은 단순한 동작이라기보다 실존적 반응에 가깝다. 삶이 건네는 리듬에 몸이나 마음이 잠시라도 응답했는가에 대한 질문이다. 외부의 요구가 아닌 내면에서 올라온 신호에 스스로 허락했는지를 묻는다.

춤추는 순간에는 내일의 계산이 멈추고, 어제의 무게도 잠시 내려놓는다. 지금, 이 순간에만 머무는 연습이 춤이라는 이름으로 나타난다. 그래서 춤은 현란한 기술이기보다 삶을 대하는 태도이며, 능력보다는 용기의 문제다.

춤이 없는 하루는 지금에 머무를 틈을 허락하지 않았다는 뜻이다. 반대로 짧은 춤 하나가 있으면 하루는 흩어지지 않는다. 그 순간 삶이 지금 여기에 다시 맞춰지고, 그 작은 해방이 하루의 방향을 정돈해 주기 때문이다.

니체가 말한 춤은 삶을 가볍게 만들자는 막연한 권유가 아니라 삶의 무게를 견딜 수 있게 만드는 아주 작은 균형 장치다. 그런 균형이 있을 때, 하루는 막연하게 소비되지 않고 다시 한번 생동감 있게 시작될 수 있다.

어부들은 바다가 위험하고
폭풍이 두렵다는 것을 안다.
그러나 그 어떤 위험도 육지에
머물러야 할 이유가 되지는 않았다.

어부에게 바다는 생동하는 터전인 동시에 생명을 위협하는 거대한 심연이다. 그들은 폭풍의 잔인함을 누구보다 잘 알지만, 그 두려움이 안락한 해안에 머물러야 할 이유가 되지는 않았다. 거친 파도 너머에 삶의 실체가 있고, 오직 그 위험을 넘어서야만 삶이 예비한 풍요로운 결실에 닿을 수 있음을 알기 때문이다.

우리 삶의 항로도 이와 같다. 안전한 육지는 평온을 줄지 모르나 결코 새로운 세계를 보여주지는 않는다. 진정으로 살아있다는 것은 두려움의 부재가 아닌, 폭풍 속으로 기꺼이 닻을 올리는 용기다. 우리를 성장시키는 것은 안락함에 머무는 태도보다 파도를 정면으로 마주하는 단호한 선택에 있다.

삶의 항해에서 가장 큰 비극은 폭풍을 만나는 일이 아니다. 최악의 비극은 두려움에 갇혀 항구에 머무는 일이다. 당신이라는 배는 육지에 묶여 있기 위해서가 아니라 대양을 가로지르기 위해 존재한다. 오늘 마주한 그 두려움은 멈추라는 경고가 아닌, 당신만의 광활한 바다가 시작되었다는 장엄한 신호다.

자신의 모순들과 조화를 이루며 사는 법을 배워야만, 삶 전체를 지탱할 수 있다.

우리는 내면의 모순을 제거해야 할 결점으로 여기곤 한다. 하지만 충돌하는 자아를 억누르는 대신 그들과 조화를 이루는 법을 익히는 것이야말로 삶의 근간을 세우는 일이다. 우리 안에는 강인함과 유약함, 확신과 의심이 늘 공존하며, 이 불협화음이야말로 우리가 살아있는 존재임을 증명하는 가장 정직한 목소리이기 때문이다.

모순을 부정하는 삶은 언제 무너질지 모르는 위태로운 평온 위에 서 있는 것과 같다. 자신을 하나의 틀에 가두려 할 때 영혼은 질식하고, 억압된 내면은 결정적인 순간에 균열을 일으킨다. 진정한 조화는 서로 다른 조각을 억지로 맞추는 수고를 넘어, 상반된 감정들이 내는 소음을 삶이라는 하나의 선율로 기꺼이 받아들이는 의지에서 비롯된다.

삶을 지탱하는 힘은 완벽함보다는 포용력에서 나온다. 내면의 갈등조차 나를 구성하는 소중한 일부로 껴안을 때, 우리는 마침내 어떤 바람에도 흔들리지 않는 뿌리를 갖게 된다. 모순과 함께 걷는 법을 배우는 것, 그것은 나 자신과 맺을 수 있는 가장 따뜻하고도 위대한 화해다.

인간에게 장수가 아무런 의미가 없다면
인간은 칠십, 팔십 살까지 살지 않았을 것이다.
인간 삶의 오후도 그 자체로 의미가
있어야 하며, 단순히 인생의 오전에 덧붙여진
초라한 부속물이 되어서는 안 된다.

융이 말한 삶의 오후는 쇠퇴의 시간을 넘어, 다른 종류의 성숙이 비로소 태동하는 구간이다. 오전에 우리는 세상을 확장하고, 오후에는 그 세상을 이해하기 시작한다.

젊음이 가능성을 늘리는 시간이라면 노년은 의미를 가려내는 시간이다. 더 많이 가지기보다 무엇을 남길지 선택하고, 앞으로 나아가기보다 안쪽으로 깊어지는 방향을 택한다.

삶의 오후는 오전의 연장을 넘어선 전환이다. 속도 대신 통찰이 필요하고, 성과 대신 해석이 요구된다. 그 역할이 없다면 인생은 끝까지 미완성으로 남을 것이다.

장수가 의미를 갖는 이유는 여기에 있다. 삶은 그저 오래 살았다는 숫자에 머무르지 않고, 생의 각 계절이 맡은 고유한 몫을 다할 때 비로소 완성되기 때문이다. 그렇게 삶에서 오후가 제자리를 찾을 때, 인생 전체는 하나의 온전한 이야기로 닫힐 수 있게 된다.

이기심이란 자신이 원하는 대로
사는 것이 아니라, 다른 사람에게
자신이 원하는 방식대로 살라고
요구하는 것이다.

오스카 와일드

사람들은 흔히 자기 삶의 주권을 지키려는 태도를 이기적이라 오해한다. 그러나 진짜 이기심은 타인의 삶을 내가 원하는 틀에 끼워 맞추려는 오만에서 비롯된다. 타인의 고유한 영역을 침범해 자신의 가치를 강요하는 것이야말로 상대의 존재를 지우고 자신의 욕망만 앞세우는 지독한 독단이다.

진정한 공존은 상대를 내 가치관 안에 가두려는 욕심을 멈추는 데서 시작된다. 타인을 위한다는 명목의 조언이 실상은 상대를 통제하려는 조바심은 아닌지 돌아봐야 한다. 상대가 그만의 색깔로 빛나도록 묵묵히 지켜봐 주는 인내야말로 가장 깊은 수준의 존중이다.

타인의 삶은 그 자체로 경이로운 세계다. 나를 나답게 하는 것이 용기라면, 남을 남답게 두는 것은 성숙이다. 내 틀에 맞추려는 고집을 내려놓고 타인의 결을 존중할 때, 관계는 그제야 억압을 벗어나 서로의 존재를 빛내주는 자유로운 공명에 닿게 된다.

지옥은 자기 자신이다.
그리고 유일한 구원은,
자신을 제쳐두고 다른 이를
깊이 느낄 때 찾아온다.

자신이라는 좁은 벽 안에 갇혀 오직 나의 결핍과 상처만 되풀이해 들여다볼 때, 삶은 그 자체로 거대한 지옥이 된다. 나를 증명하려는 강박과 타인을 이기려는 욕심은 내면을 끊임없이 갉아먹으며 영혼을 황폐하게 만들기 때문이다. 나라는 우상에 매몰되어 타인을 단지 경쟁자로만 여기는 고립된 풍경 속에서는 그 어떤 평온도 뿌리 내릴 수 없다.

진정한 구원은 비대해진 자아를 잠시 내려놓고, 타인의 슬픔과 환희를 나의 것처럼 깊이 느끼는 순간에 찾아온다. 오직 나의 안위만 살피던 시선을 거두어 타인의 진심에 교감하는 순간 우리는 나라는 좁은 틀을 깨고 광활한 생의 연대 속으로 나아간다. 타인을 깊이 이해하려는 그 따스한 마음이 역설적으로 나를 짓누르던 지옥의 무게를 가볍게 만든다.

구원이란 타인의 존재를 받아들여 내 존재의 지평을 무한히 넓히는 일이다. 나의 세계가 타인의 세계와 맞닿아 하나의 흐름이 될 때, 우리는 어느덧 차가운 지옥을 벗어나 온기 어린 안식처를 발견하게 될 것이다.

자신의 두뇌만을 신뢰하는 자는 지엽적인 편견의 감옥에 갇히게 된다. 인간의 사고는 본래 경험이라는 좁은 창에 의존하기에, 스스로 내린 결론이 완벽하다고 믿는 순간 지성은 고사하기 시작한다. 진정한 영리함은 내 지식의 유능함을 증명하는 데 있지 않다. 내 무지의 경계를 명확히 인지하고, 그 빈틈을 채울 외부의 빛을 기꺼이 받아들이는 담대함에서 비롯된다.

타인의 두뇌를 빌린다는 것은 지식을 복제하는 일에 그치지 않는다. 내가 가진 세계관의 지평을 타인의 시선만큼 넓히는 일이며, 타인이 평생에 걸쳐 응축한 통찰을 내 것으로 이어 붙이는 작업이다. 그 통찰을 빌려오는 순간 우리는 시행착오의 시간을 단축하고, 더 높은 궤도에서 문제를 조망할 수 있는 안목을 얻는다. 지혜로운 이는 세상이라는 거대한 집단지성의 흐름에 자신을 연결함으로써 단일한 개인을 넘어 하나의 거대한 유기체처럼 사고하기 시작한다.

결국 한 개인의 성취는 재능의 크기로 결정되지 않는다. 그가 활용할 수 있는 지혜의 총량에 의해 좌우된다. 내 안의 자원과 밖의 자원을 유연하게 결합할 줄 아는 사람은 결코 고립되지 않으며, 어떤 난관 앞에서도 멈추지 않는다. 공유된 두뇌들이 모여 만든 견고한 지도는 혼자서는 감히 꿈꿀 수 없었던 광활한 대륙으로 우리를 인도하는 가장 확실한 길잡이가 된다.

사원의 종소리는 멈췄지만, 그 울림은 여전히 꽃들 속에서 들려온다.

소리는 찰나에 사라지나 그 파동은 만물에 스며들어 영원히 머문다. 귀에 머물던 종소리가 스러지는 순간, 공기를 흔들던 그 파동은 꽃잎의 미세한 맥박 속으로 옮겨가 보이지 않는 떨림으로 계속된다. 형체가 사라졌다고 존재가 소멸한 것은 아니다. 진실로 귀한 것은 자취를 감춘 뒤에도 삶의 풍경 속에 보이지 않는 향기로 남기 때문이다.

우리 삶의 순간들도 이와 같다. 뜨거웠던 사랑이나 성취는 언젠가 종소리처럼 잦아들지만, 그 여운은 내면에 깊은 무늬를 새기고 일상의 눈빛 속에 살아 숨 쉰다. 그러니 사라진 것을 슬퍼하기보다 그 보이지 않는 울림이 지금 내 곁의 작은 것들을 어떻게 적시고 있는지 가만히 들여다보아야 한다.

사라지는 모든 것은 어딘가에 머문다. 소리가 멈춰 꽃의 향기가 되듯, 당신의 지난 진심은 오늘의 당신을 이루는 배경이 된다. 정적 속을 세밀히 더듬어 보라. 이미 지나간 줄 알았던 고귀한 기억들이 일상 곳곳에서 이름 모를 꽃으로 피어나 여전히 당신에게 속삭이고 있을 것이다.

자신을 애정 어린 마음으로 기다리는 사람이나,

아직 끝내지 못한 일에 대한 책임을 자각한 이는

결코 삶을 포기할 수 없다.

_빅토르 E. 프랑클

감사를 표하는 것보다

더 긴급한 의무는 없다.

_제임스 앨런

신은 우리를 죽이기 위해
절망을 보내는 것이 아니라,
우리를 새로운 삶으로
일깨우기 위해 그것을 보낸다.

헤르만 헤세

절망은 삶이 우리를 버렸다는 신호가 아니다. 지금까지의 방식으로는 더 이상 살아갈 수 없다는 분명한 통보다. 절망은 끝을 알리는 것이 아니라, 변화를 요구하는 것이다. 우리가 익숙하게 의지해온 것들이 더 이상 작동하지 않으며, 새로운 방식을 찾아야 한다는 삶의 경고다.

그 순간 우리는 무엇을 잃었는지보다 무엇을 붙들고 있었는지를 보게 된다. 오래 의지해온 의미가 무너질 때, 삶은 다른 문을 준비한다. 절망은 모든 것을 앗아가는 것처럼 보이지만, 실은 더 이상 필요 없는 것을 떼어내는 과정이다. 그 과정은 고통스럽지만, 새로운 것이 들어올 자리를 만든다.

새로운 삶은 희망의 선언으로 시작되지 않는다. 대개는 이전으로 돌아갈 수 없다는 조용한 인식에서 출발한다. 절망은 그 인식을 피할 수 없게 만드는 정직한 계기다. 더 이상 과거로 돌아갈 수 없음을 받아들이는 순간, 우리는 앞으로 나아갈 수밖에 없다는 것을 깨닫는다.

절망은 끝의 언어가 아니다. 삶이 잠시 숨을 고르고 방향을 바꾸는 지점이다. 그 자리를 통과한 뒤에야 우리는 이전과는 다른 방식으로 살기 시작한다. 절망은, 무엇보다 원초적인 시작의 언어다.

**가장 소박한 것들에서 아름다움을
발견하는 힘이 집을 행복하게 하고,
삶을 사랑스럽게 만든다.**

루이자 메이 올컷

행복은 외부에서 길어 올리는 성취를 넘어, 이미 곁에 머무는 평범함을 대하는 시선에 달려 있다. 화려함이나 특별한 사건이 없어도 삶은 충분히 따뜻해질 수 있다.

소박한 것들 속의 아름다움은 좀처럼 눈에 띄지 않아 의식하지 않으면 이내 스쳐 지나간다. 아침 햇살이 드는 창가, 갓 구운 빵의 온기, 아무 말 없이 함께 있는 시간. 그 평범함을 알아채는 감각이 집의 공기를 바꾸고 마음의 결을 다듬는다.

삶이 사랑스럽게 느껴지는 때는 무언가를 더 채울 때보다, 이미 곁에 있는 것에 마음이 편안히 머물 무렵이다. 소박함을 귀하게 여길 줄 아는 사람은 매일을 견디지 않고 기꺼이 살아낸다.

결국 행복은 소유의 크기보다 감각의 깊이로 결정된다. 보이지 않던 사소한 결들을 하나씩 느껴가는 과정이 메마른 일상에 온기를 불어넣기 때문이다. 그렇게 작은 것에서 의미를 발견하는 시선이 집을 안식처로 만들고, 삶 전체를 부드럽게 감싸 안는다.

하늘을 뒤덮은 빗줄기는 누구를 적시겠다는 계산도, 세상을 씻어내겠다는 거창한 의도도 품지 않는다. 그저 위에서 아래로, 무거우면서도 부드럽게 낙하하는 자신의 본성에 순응할 뿐이다. 어떤 사념도 섞이지 않은 이 무심한 반복은 소란스러운 세상의 소음을 지우고, 만물을 각자의 자리에서 고요히 침잠하게 만드는 거대한 평온이 된다.

우리의 삶 또한 가끔은 비처럼 아무런 의도 없이 그저 흐를 수 있어야 한다. 무언가 증명해야 한다는 강박이나 모든 행위에 의미를 부여하려는 조바심을 내려놓는 연습이 필요하다. 그저 주어진 시간을 묵묵히 통과하는 것만으로도 생은 충분히 존엄하다.

비가 내리는 풍경은 우리에게 애쓰지 않아도 괜찮다는 무언의 위로를 건넨다. 비가 땅을 적시는 당연한 순리처럼, 우리의 삶도 거창한 이유 없이 그저 존재한다는 사실만으로 이미 온전하다. 어느 날 비가 온다면, 손바닥 위에 그 무심한 무게를 가만히 올려두어 보라.

문제에서 도망칠 수 없다.
그렇게 먼 곳은 없다.

조엘 챈들러 해리스

어디로 떠나도 문제에서 해방될 수는 없다. 세상 어디에도 나 자신으로부터 숨을 수 있는 은신처는 없기 때문이다. 문제는 외부의 장애물이 아니라 내 발걸음을 따라오는 그림자와 같다. 아무리 먼 곳으로 달아난들 해결되지 않은 짐은 여전히 같은 무게로 어깨에 얹혀 있다. 그렇게 도망은 먼 길을 돌아 다시 나를 마주하는 고된 여정일 뿐이다.

자유는 회피와 외면을 넘어, 냉철한 직면 속에서 비로소 시작된다. 문제를 피해 등을 돌리면 그것은 괴물이 된다. 그러나 마주 보는 순간 윤곽이 분명해지고, 해결의 실마리가 드러난다. 도망칠 곳이 없다는 사실은 절망이라기보다, 지금 이곳이 문제를 매듭지을 자리라는 신호다. 회피에 쓰이던 에너지를 응시의 힘으로 돌려놓는 순간, 우리는 다음 단계로 나아간다.

삶의 문제는 재앙이 아닌 통과해야 할 관문이다. 세상 끝까지 달아나도 당신을 기다리는 것은 어제의 숙제다. 지금 눈앞의 현실을 피하지 말고 대면하라. 그 자리에서 문제를 끌어안으면 막연했던 불안은 가라앉고, 그제야 삶의 주도권이 당신의 손으로 돌아온다.

빈센트 반 고흐

사랑은 끊임없이 되풀이되는 숭고한 선택이다. 뜨거운 감정이 썰물처럼 빠져나간 뒤에도, 다시 그 사람에게 다가가겠다고 마음을 정하는 찰나에 사랑은 비로소 본연의 모습을 드러낸다. 그 애달프고도 아름다운 반복이 사랑을 가장 완벽한 예술로 빚어낸다.

타인을 사랑한다는 것은 자신의 중심축을 기꺼이 옮기는 일이다. 모든 장면을 나의 기준으로만 해석하지 않고, 상대의 고유한 속도와 결을 존중하겠다는 결심인 것이다. 그 미묘하고 세밀한 시선의 조율이 멈춰 있던 관계에 다시 숨을 불어넣는다.

위대한 예술이 단번에 설명되지 않듯, 사랑 또한 명확한 정답을 내주지 않는다. 대신 사랑은 우리 앞에 쉼 없는 질문을 던지며, 그 모호함 앞에 오랫동안 머물게 만든다. 그리하여 사랑은 정해진 목적지에 닿는 완결을 거부하고, 평생을 이어가는 끝없는 탐색의 여정이 된다.

누군가를 사랑하는 일은 존재를 소유하는 욕망보다 서로의 시간을 엮어가는 과정에 가깝다. 비록 완벽하지 않을지라도 그 진심이 매일같이 반복될 때, 함께 보낸 시간은 그 자체로 세상에 단 하나뿐인 위대한 작품이 된다.

소심한 질문에는 언제나 당당한 답변이 돌아온다.

찰스 달링 남작

소심한 질문은 상대의 오만함을 정당화해 주는 명분이 된다. 자신의 목소리를 의심하며 끝을 흐릴 때, 상대는 그 빈틈을 타고 더 압도적인 확신으로 답변의 자리를 채우기 때문이다. 결국 나의 망설임은 상대에게 나를 가르치거나 휘둘러도 좋다는 무언의 허락과 다름없다.

상대의 답변이 지나치게 고압적이라면 그 기세를 키워준 것은 어쩌면 나의 위축된 질문일지도 모른다. 질문자가 자기 자신을 존중하지 않는 태도를 보일 때, 세상은 그 질문을 가볍게 여기고 더 높은 곳에서 가르치려 든다. 반대로 당당한 질문은 상대가 함부로 선을 넘지 못하게 만드는 보이지 않는 무게감을 형성한다.

그러므로 질문은 나약한 호소를 넘어, 자신의 존재를 단호히 선포하는 행위여야 한다. 내 안의 소심함을 걷어내고 당당하게 물음을 던지는 것. 이는 타인을 공격하려는 게 아니다. 나의 존엄이 함부로 침범당하지 않게 하는 최소한의 방어선이다. 스스로 질문에 확신을 가지면, 세상의 답변도 예의를 갖추기 시작한다.

새 책을 집어 드는 순간, 우리는 생각의 안전지대에서 한발 물러난다. 익숙했던 해석이 더 이상 통하지 않을 수도 있고, 당연하다고 여겼던 믿음이 흔들릴 수도 있다. 때로는 동의하지 못하는 문장을 끝까지 따라가야 하며, 불편한 질문 앞에서 쉽게 결론을 내리지 못한 채 머뭇거리게 된다. 바로 그 불확실함과 긴장이 독서의 첫 관문이다.

읽는다는 일은 단순히 문장을 소비하는 차원을 넘어, 오랫동안 고수해온 자기 확신을 잠시 유보하는 선택이다. 저자의 논리에 귀를 기울이고, 자기 경험과 대조하며 생각의 근육을 쓰게 된다. 도전적인 책은 관성적으로 움직이던 생각을 멈추게 하고, 되돌아보게 하고, "나는 왜 이렇게 생각해 왔을까?"를 묻게 한다. 그런 질문이 많이 남을수록 독서는 깊어진다.

이렇듯 새로운 책을 읽는다는 것은 단순한 정보의 습득에 머무르지 않고, 관점의 재배치로 이어진다. 한 권을 읽는 동안 생각의 위치가 조금씩 이동하고, 세계를 바라보는 각도가 미세하게 조정된다. 그렇게 책장을 덮는 순간, 우리는 무엇을 더 '아는 사람'이 되기보다 무엇을 다르게 '보는 사람'이 된다. 그 변화야말로 독서가 우리에게 요구하는 가장 본질적인 도전이다.

모든 위대한 일에는 열정이 필요하지만,
혁명을 위해서는 열정과 대담함이
넘칠 만큼 필요하다.

048

체 게바라

　모든 위대한 성취에는 열정이 깃들지만, 세상을 뒤엎는 혁명에는 그 열정을 압도할 대담함이 필요하다. 단순히 바라는 마음을 넘어 익숙한 질서를 깨부수고 불가능에 몸을 던지는 용기가 차고 넘칠 때 거대한 변혁이 시작된다. 혁명은 정교한 계산의 산물이기에 앞서, 현실의 벽을 뚫고 나아가는 뜨거운 기세에서 탄생한다.

　이 넘치는 에너지는 안주하려는 본능을 거스르고 자신을 극한으로 몰아넣는 동력이 된다. 남들이 한계라고 말할 때 한 걸음 더 내딛는 힘, 두려움을 압도하는 확신이 있어야만 역사의 흐름을 바꿀 수 있다. 열정이 변화의 시작이라면, 대담함은 그 시작을 승리로 이끄는 단호한 마침표다.

　삶에서 진정한 혁명을 원한다면 적당한 열정에 머물러서는 안 된다. 자신을 전율케 할 뜨거움과 모든 것을 걸고 나아가는 대담함을 내면에 가득 채워야 한다. 삶의 경계를 가득 채운 에너지는 기존의 삶의 방식에 균열을 낸다. 그렇게 낡은 세계는 무너지고, 그 폐허 위로 이전과는 다른 차원의 새로운 지평이 열린다.

의사소통의 가장 치명적인 함정은 대화가 무사히 끝났다는 안일한 확신에서 시작된다. 서로의 문장이 오갔다는 사실만으로 온전한 이해에 도달했다고 믿는 순간, 정작 본질적인 의미는 오해의 틈새로 흩어지기 때문이다. 소통의 부재보다 더 위험한 것은 서로 소통했다는 근거 없는 착각이다.

우리는 흔히 뱉은 말이 상대의 머릿속에 그대로 전달되었다고 짐작하지만, 각자의 언어는 서로 다른 경험과 편견의 필터를 거쳐 재구성된다. 이 간극을 무시한 채 고개를 끄덕이는 행위는 침묵보다 못한 단절을 초래할 뿐이다. 착각이 견고해질수록 대화는 평행선을 달리고, 마음의 거리는 오히려 멀어진다.

진정한 의사소통은 '전달했다'는 마침표를 찍는 대신, '제대로 전달되었는가'를 끊임없이 되묻는 물음표에서 완성된다. 이 물음표는 나의 언어가 상대의 세계에 어떤 모양으로 도착했는지 살피는 신중함으로 이어진다. 당연한 이해란 없음을 인정하며 막막한 거리를 좁히는 노력 속에서, 착각의 껍질은 깨지고 진정한 교감이 시작된다.

노년은 갑자기 온다.
생각처럼 서서히 오지 않는다.

에밀리 디킨슨

　노년은 계절이 바뀌듯 서서히 스며드는 것이 아니다. 우리는 세월이 완만한 곡선을 그리며 저물어갈 것이라 짐작하지만, 시간은 침묵 속에 매복해 있다가 한순간에 삶의 문턱을 넘어선다. 노년이란 준비되지 않은 영혼에 던져지는 당혹스러운 선언과도 같다.

　이 갑작스러운 방문은 우리에게 현재의 무게를 다시 묻는다. '언젠가'라는 유예된 시간 속에서 노후를 준비한다고 믿었으나, 정작 들이닥친 노년 앞에서 우리는 여전히 서툰 청춘의 마음을 발견할 뿐이다. 준비할 겨를도 없이 마주한 이 낯선 계절은, 우리가 영원할 것처럼 낭비했던 그 수많은 '오늘'이 얼마나 무방비했는지를 아프게 증명한다.

　결국 노년이 갑자기 온다는 것은 삶을 나중으로 미루지 말라는 가장 강력한 경고다. 세월이 완만하게 저물어갈 것이라는 기대는 환상일 뿐이기에, 우리는 먼 훗날을 기약하기보다 지금을 뜨겁게 마주해야 한다. 예고 없이 찾아올 시간 앞에 무너지지 않는 유일한 길은, 아직 생의 열기가 남아 있을 때 그 에너지를 헛되이 흩뿌리지 않고 내면의 깊이로 가라앉히는 것이다. 그렇게 응축된 시간만이 예고 없이 당도한 생의 겨울 앞에서도 우리를 묵묵히 지켜줄 것이다.

인생에는 세 가지 상수가 있다...

변화, 선택, 원칙이다.

_스티븐 코비

밤이 어두울수록 별은 더 밝게 빛나고,

슬픔이 깊을수록 신은 더 가까이 있다.

_아폴론 마이코프

나는 이 세상을 단 한 번만 지나가리라.
그러므로 내가 다른 사람에게 행할 수
있는 선한 일이나 친절을 베풀 수 있는
일이 있다면 지금 당장 행하게 하소서.
다시는 이 길을 지나지 않을 것이니
그것을 미루거나 게을리하지 않게 하소서.

우리는 종종 선한 마음을 미래에 맡긴다. 조금 더 여유가 생기면, 덜 바쁠 때, 더 준비되었을 때 행동하겠다고 말한다. 하지만 그 '언젠가'는 좀처럼 오지 않는다. 삶은 늘 다음 이유를 만들어 내고, 선의는 계획 속에서 미뤄진다. 친절은 완벽한 조건에서 자라지 않는다. 오히려 지금의 틈에서만 피어난다. 부족한 상황 속에서도 나누는 것이 친절의 진면목이다.

이 길을 다시 지나지 못할 것이라는 자각은 삶을 조급하게 만들기보다 도리어 망설임을 덜어낸다. 당장의 실천을 미루지 않는 이유는 선행의 소멸에 대한 두려움보다, 그 순간 자체가 영원히 사라질 것임을 알기 때문이다. 그래서 친절은 미래의 약속이 아닌, 지금 이 자리에서만 가능한 선택이 된다.

이 기도는 착하게 살겠다는 막연한 다짐을 넘어, 지금 할 수 있는 것을 즉시 행동으로 옮기겠다는 구체적 결단이다. 완벽한 때를 기다리지 않고 불완전한 오늘 속에서 움직이는 태도. 되돌릴 수 없는 인생에서 후회를 줄이는 가장 현실적인 길은 언제나 '지금' 할 수 있는 선의를 흘려보내지 않는 데 있다.

최고의 성취는 일과 놀이의 경계를 모호하게 만드는 것이다.

엘런 J. 랭어

성취의 정점은 일과 놀이가 서로의 영역을 침범하여 마침내 하나로 녹아드는 지점에 있다. 의무와 즐거움이 분리되지 않고, 몰입의 즐거움이 곧 생산적인 결과로 이어질 때 우리는 성공적인 결실을 맺을 수 있다. 그 순간에는 일은 더 이상 고단한 노동이 아니며, 놀이는 단순한 소모가 아닌 창조의 동력이 된다.

이 경계의 모호함은 오직 자발적인 몰입에서만 탄생한다. 결과를 향한 인내보다 과정 자체에서 기쁨을 발견하는 몰입의 끝에 성취는 자연스럽게 뒤따른다. 일의 엄격함에 놀이의 유연함을 입히고, 놀이의 열정에 일의 깊이를 부여하는 이 절묘한 조합은 삶을 형언할 수 없는 활기로 가득 채운다. 이것은 단순히 효율을 높이는 기술이 아니라, 삶을 대하는 영혼의 문법을 바꾸는 일이다.

결국 최고의 성취란 삶을 일터와 휴식처로 이분하지 않는 명확한 태도에서 나온다. 오늘 당신이 하는 일에 놀이의 설렘을 심고, 당신의 놀이에 일의 진지함을 담아보라. 그 두 세계의 경계가 사라지는 순간, 삶의 모든 행위는 존재의 목적을 향해 정렬된다. 억지로 애쓰지 않아도 일상은 자연스럽게 성취의 현장이 되며, 당신의 삶 전체가 거대한 축제로 완성될 것이다.

시간은 숨겨진 모든 것을
드러낼 것이고,
지금 찬란하게 빛나고 있는 것도
덮고 숨길 것입니다.

　시간은 두 개의 손을 가졌다. 한 손은 어둠 속에 묻힌 진실을 끄집어낸다. 감춰졌던 것은 언젠가 수면 위로 떠오르고, 화려한 거짓은 결국 그 민낯을 드러낸다. 아무리 정교하게 포장해도 세월이라는 강물은 모든 허울을 벗겨낸다.

　다른 한 손은 찬란했던 것을 망각 속으로 밀어 넣는다. 오늘 세상을 뒤흔드는 업적도, 불멸처럼 보이는 명성도 시간 앞에서는 한낱 신기루에 불과하다. 모든 영광은 먼지처럼 가라앉고, 기억되던 이름들은 침묵의 장막에 덮인다.

　이 잔혹한 공평함이 우리에게 남기는 교훈은 명징하다. 숨기려 애쓰지 말라. 시간은 반드시 그것을 폭로한다. 동시에 오늘의 찬사에 도취되지 말라. 시간은 그 빛나는 순간마저 집어삼킨다.

　그렇다면 우리가 붙잡아야 할 것은 무엇인가? 드러나든 가려지든 변하지 않는 본질이다. 진실하게 살고, 겸손하게 빛나라. 시간이 무엇을 하든 흔들리지 않는 삶, 그것만이 진정으로 견고하다는 사실을 명심하라.

신념이란 보이지 않는 것을
믿는 것이며, 이 신념의 보상은
믿는 것을 보게 되는 것이다.

성 아우구스티누스

　신념은 증명된 사실을 수용하는 안일함을 뒤로하고, 아직 증명되지 않은 진실을 삶으로 입증해 나가는 고귀한 투쟁이다. 보이지 않는 가치를 미리 신뢰하며 그 방향으로 삶을 던지는 용기야말로 신념의 본질이다. 아직 확인할 수 없는 미래를 현실로 받아들이는 단호한 확신은, 막연한 기대를 넘어 삶을 지탱하는 가장 강력한 뿌리가 된다.

　이 신념의 보상은 단순히 원하는 바를 얻는 것이 아니다. 내가 믿어온 관념이 실체가 되어 눈앞에 펼쳐지는 순간을 목격하는 일이다. 흔들리지 않고 걸어온 시간이 보이지 않던 길을 만들고, 마침내 그 끝에서 신념의 실현과 마주하게 된다. 믿음은 보이지 않는 것을 보는 눈이며, 성취는 그 눈이 바라본 풍경이 현실이 된 상태다.

　이렇듯 자기 확신을 끝까지 지켜낸 자만이 누릴 수 있는 '증명된 진실'이 바로 신념의 최종적인 보상이다. 비록 당장 결과가 보이지 않아도 그 가치는 결코 사라지지 않으며, 그 보이지 않는 가치를 끝내 믿어내는 몰입의 끝에, 당신이 꿈꾸는 세계를 현실로 소환할 유일한 열쇠가 놓여 있다.

누구나 친구의 고통에 공감할 수 있지만,
친구의 성공에 공감하기 위해서는
매우 고매한 성품이 필요하다.

　고통 앞의 연대는 비교적 쉽다. 불행은 기준을 낮추고, 위로는 우월감을 요구하지 않기 때문이다. 상처받은 사람 앞에서는 누구도 경쟁자가 되지 않는다. 그래서 우리는 타인의 아픔에는 비교적 자연스럽게 손을 내민다.

　하지만 성공 앞의 공감은 전혀 다른 차원의 문제다. 그 순간 무의식적인 비교가 시작되고, 마음 한편에서는 질투와 결핍이 조용히 고개를 든다. 진심으로 축하한다는 것은 타인의 성취를 자신의 삶과 분리해 바라볼 수 있는 정신적 거리감을 뜻한다. 그것은 생각보다 훨씬 성숙한 능력이다.

　고매함은 감정을 느끼지 않는 데 있지 않다. 부러움이 스치고, 흔들림이 생길 수는 있다. 그러나 그 감정에 휘둘려 관계를 왜곡하지 않는 데 품격이 있다. 그렇게 함께 기뻐할 수 있는 태도는 타인을 향한 호의 이전에 자기 삶에 대한 신뢰에서 비롯된다.

　그렇게 친구의 성취 앞에서 흔들리지 않는다면, 당신은 이미 내면이 충만한 사람이다. 타인의 빛이 나를 어둡게 만들지 않는다는 그 평온함이야말로, 당신이 마음속 전쟁을 이미 끝내고 오롯이 자신만의 고유한 궤도에 들어섰다는 가장 선명한 증거다.

모든 이별은 죽음의 한 형태이며,
모든 재회는 천국의 한 형태이다.

트라이언 에드워즈

이별은 작은 죽음이다. 함께였던 시간이 멈추고, 익숙했던 존재가 부재로 바뀌며, 일상에서 그 사람의 자리가 텅 비는 순간, 우리는 상실을 경험한다. 육체적 죽음만큼 극적이지는 않아도 그 고통의 본질은 같다. 무언가 소중한 것이 영원히 사라졌다는 두려움 말이다.

하지만 재회는 부활이다. 멀어졌던 이와 다시 마주하는 순간, 멈춰 있던 시간이 다시 흐르고, 잃어버렸던 세계가 되살아난다. 그 사람의 목소리, 웃음, 온기가 돌아오는 순간 우리는 회복된다.

인생은 이 두 움직임의 반복이다. 우리는 끊임없이 누군가를 떠나보내고, 누군가와 다시 만난다. 이별의 아픔 없이는 재회의 기쁨도 없고, 상실의 무게를 알기에 만남의 소중함을 깨닫는다. 삶은 이 작은 죽음과 작은 부활을 통해 우리를 단련시킨다.

떠나보냄의 슬픔과 다시 만남의 기쁨, 그 사이에서 우리는 관계의 진짜 무게를 깨닫는다. 지금 누군가와 멀어지고 있다면 절망하지 않기를. 진정한 관계는 물리적 거리로 소멸하지 않으며, 지금의 헤어짐은 훗날 더 깊어진 모습으로 마주하기 위해 잠시 숨을 고르는 시간일 뿐일 테니까.

죽음은 삶보다 더 보편적이다.
모든 사람은 죽지만,
모든 사람이 사는 것은 아니다.

앤드루 작스

죽음은 피할 수 없지만, 삶은 선택이다. 시간은 누구에게나 동일하게 주어지지만, 그 시간을 어떻게 통과했는지는 사람마다 전혀 다르다. 어떤 이는 시간을 그저 견디고, 어떤 이는 시간을 온전히 살아낸다. 같은 하루가 지나도 남는 감각이 다른 이유다.

살아간다는 것은 그저 숨을 쉬며 하루를 소비하는 일이 아니다. 그것은 자기 기준으로 하루를 통과하는 일이며, 무엇을 따르고 무엇을 거부할지 스스로 결정하는 행위다. 관성에 몸을 맡기지 않고, 익숙함 속에서도 무뎌지지 않으려 애쓰는 태도에서 삶은 윤곽을 갖기 시작한다.

많은 사람들은 살고 있다고 말하지만, 실제로는 무의식적 반복 속에 머문다. 두려움을 피하고, 편안함을 고수하며, 선택의 책임을 미룬 채 시간을 흘려보낸다. 그렇게 하루는 이어지지만, 삶의 감각은 점점 희미해진다.

앤드루 작스는 묻는다. 우리는 얼마나 오래 살 것인가가 아니라, 얼마나 깨어 있는 시간으로 살 것인가를. 죽음은 누구에게나 찾아오지만, 절대 삶은 저절로 주어지지 않는다. 삶은 스스로를 자각하고, 오늘을 선택하겠다고 마음먹는 순간에 경이롭게 시작된다.

내 언어의 한계가
곧 내 세계의 한계이다.

루트비히 비트겐슈타인

우리는 언어로 생각한다. 단어가 없으면 개념도 없다. 표현할 수 없는 것은 인식조차 되지 않는다. 미묘한 감정의 결을 포착할 어휘가 없다면 그 감정은 그저 막연한 기분으로만 남는다. 언어는 세계를 구획하고 경험을 조직하는 틀 자체다. 이 틀의 정교함이 곧 우리가 마주하는 현실의 해상도를 결정한다.

언어가 빈곤하면 세계도 빈곤해진다. 감정을 표현하는 어휘가 부족한 사람은 자기 내면의 복잡성을 제대로 이해하지 못한다. 반대로 풍부한 언어를 가진 사람은 같은 현상 속에서도 더 많은 층위를 발견하고, 더 섬세한 구별을 만들어낸다.

언어를 확장하는 것은 곧 세계를 확장하는 일이다. 새로운 단어를 배울 때마다 우리는 이전에는 보이지 않던 것을 보게 된다. 철학, 예술, 과학의 언어를 익히는 것은 단순히 지식을 얻는 것이 아니라 완전히 새로운 방식으로 현실을 경험하는 능력을 얻는 것이다.

당신의 세계를 넓히고 싶은가? 그렇다면 언어를 갈고닦아라. 더 많이 읽고, 더 정확하게 표현하며, 낯선 개념들과 씨름하라. 언어의 경계를 밀어낼 때마다 새로운 세계의 문이 하나씩 열릴 것이다. 당신이 구사하는 언어의 한계가 곧 당신이 머물 수 있는 세계의 한계임을 잊지 마라.

언제나 친절하라.
당신이 만나는 모든 이는
당신이 전혀 모르는 싸움을
하고 있기 때문이다.

059

존 왓슨

길을 가다 마주치는 사람들은 저마다 보이지 않는 짐을 지고 있다. 겉으로는 평온해 보여도 누군가는 병든 가족을 간호하며 잠을 설치고, 누군가는 경제적 파탄의 벼랑 끝에 서 있으며, 누군가는 오래된 상처와 싸우고 있다. 우리는 그들의 내면을 들여다볼 수 없다.

겉모습만으로 사람을 판단하는 것은 위험하다. 무례해 보이는 태도 뒤에는 감당하기 힘든 고통이, 냉담한 표정 뒤에는 극심한 피로가 숨어 있을 수 있다. 우리가 보는 것은 빙산의 일각일 뿐이고, 수면 아래에는 우리가 상상할 수 없는 무게가 가라앉아 있다. 그 거대한 무게를 짐작하는 것만으로도 우리의 시선은 한결 부드러워질 수 있다.

친절은 이 사실을 인정하는 태도다. 상대의 처지를 정확히 알 수 없기에 먼저 부드러움을 건네는 것이다. 작은 친절 하나가 누군가에게는 하루를 버틸 힘이 될 수 있고, 사소한 따뜻함이 절망의 끝에 선 사람에게는 희망의 증거가 될 수 있다.

당신도 보이지 않는 싸움을 하고 있듯, 다른 이들도 그러하다. 판단하기 전에 이해하려 하고, 화내기 전에 공감을 떠올려보자. 친절은 타인의 고통을 헤아릴 줄 아는 성숙함이다. 이 성숙한 배려가 모여 차가운 세상을 조금 더 견딜 만한 곳으로 만든다.

지식의 부족보다
더 큰 해를 끼치는 것은
관심의 부족이다.

벤저민 프랭클린

　지식은 세상을 해석하는 도구일 뿐이지만, 관심은 세상을 살아 있게 만드는 동력이다. 무지는 배움을 통해 채울 수 있는 빈 공간에 불과하나, 무엇에도 마음을 두지 않는 냉소는 삶의 본질을 뿌리째 고사시킨다. 우리를 진정으로 가난하게 만드는 것은 대상을 향한 따뜻한 시선과 열망의 실종이다.

　지식의 부족은 개인의 시행착오에 머물지만, 관심의 부족은 타인의 아픔에 대한 방관으로 이어진다. 고통받는 이에게 필요한 것은 그 원인을 분석하는 지식보다 그를 도우려는 마음의 움직임이다. 관심이 사라진 곳에서는 고도화된 정보조차 사람을 살리는 지혜로 치환되지 못한 채 차가운 논리로만 남을 뿐이다.

　지식보다 앞서 가꾸어야 할 것은 대상을 깊이 들여다보는 사랑 어린 시선이다. 지식은 대상을 분석하지만, 관심은 대상과 연결되기 때문이다. 세상의 수많은 비극은 상관없다는 무감각에서 비롯된다. 더 많이 아는 것보다 더 깊이 마음 두는 것이 먼저다. 지식은 언제든 배울 수 있지만, 관심을 잃은 마음은 쉽게 되돌릴 수 없다.

허용되는 것보다는 옳은 것에서 출발하라.

_프란츠 카프카

누군가의 말을 진심으로 들으면서

동시에 다른 일을 할 수 없다.

_M. 스콧 펙

진실만을 말한다면,
아무것도 기억할 필요가 없다.

마크 트웨인

　진실은 그 자체로 완전한 질서를 지니고 있기에, 그것을 증명하기 위해 별도의 노력을 기울일 필요가 없다. 있는 그대로를 말하는 사람은 과거의 발언을 복기하거나 논리적 모순을 가려내느라 에너지를 낭비하지 않는다. 마크 트웨인의 통찰처럼, 진실만을 말하는 삶은 거짓을 유지하기 위한 기억의 짐으로부터 우리를 자유롭게 해방한다.

　반면 거짓은 존재하지 않는 세계를 지탱하기 위해 정교한 설계와 치밀한 기억력을 요구한다. 하나의 허구를 가리기 위해 또 다른 거짓을 끊임없이 쌓아 올려야 하며, 그 과정에서 생겨난 복잡한 그 물망을 일일이 기억해야 하는 고단한 굴레에 갇히게 된다. 거짓은 말하는 이의 정신을 갉아먹고, 언제 무너질지 모르는 가공의 성벽 안에 스스로 고립시킬 뿐이다.

　진실하게 산다는 것은 내면의 경제성과 평화를 선택하는 길이다. 사실을 사실대로 말할 때 우리의 정신은 자유로워지며, 기억의 오류를 두려워하지 않고 오직 현재에만 온전히 집중할 수 있다. 진리는 무섭도록 단순하다. 진실하게 살고, 진실만 말하면 된다. 그 단순함이야말로 복잡한 세상 속에서 우리를 가장 안전하게 지켜주는 최후의 보루가 될 것이다.

가장 나쁜 것은 틀리는 것이 아니라, 자신이 결코 틀리지 않았다고 믿는 것이다.

폴 투르니에

실수는 인간의 본질이다. 누구나 잘못 판단하고, 잘못 선택하며, 잘못 행동한다. 틀리는 것 자체는 문제가 아니다. 그것은 배움의 출발점이고, 성장의 기회이며, 겸손해질 수 있는 순간이다. 실수를 인정하면 계속 나아갈 수 있다.

하지만 자신이 틀릴 수 없다고 믿는 순간, 모든 성장이 멈춘다. 오류를 인정하지 않으니 반성도 없고, 반성이 없으니 개선도 없다. 현실이 자신의 믿음과 어긋날 때 사실을 왜곡하거나 타인을 탓하며, 점점 더 굳어진 확신 속에 갇혀간다. 이것은 지적 정직성의 포기이자 자기기만의 시작이다.

더 위험한 것은 이런 태도가 관계를 파괴한다는 점이다. 절대 틀리지 않는다고 믿는 사람은 진정한 대화를 하지 못한다. 그 앞에서 타인은 존중받지 못하며, 진실한 교류는 불가능해진다. 독선은 숨 막히는 고립을 낳는다.

지혜로운 사람은 자신의 오류 가능성을 항상 열어둔다. '내가 틀릴 수도 있다'라는 한 문장은 사고를 유연하게 만들고, 관계를 숨 쉬게 하며, 사람을 다시 성장의 자리로 돌려놓는다. 진짜 지혜는 늘 옳은 사람이 되는 것에 있지 않고, 틀렸을 때 스스로를 고칠 수 있는 사람이 되는 것에 있다.

**오늘은 매우 특별한 날이다. 왜냐하면
우리는 이전에 이날을 산 적이 없고,
다시는 이날을 살지 못할 것이며,
우리가 가진 유일한 날이기 때문이다.**

시간의 흐름 속에서 오늘이라는 하루는 결코 복제될 수 없는 독창적인 선물이다. 어제와 비슷한 풍경 속에 있다고 착각하기 쉽지만, 사실 그 누구도 오늘을 미리 살아본 적은 없다. 오늘은 전에도 없었고 앞으로도 다시는 찾아오지 않을, 우리 생애 유일무이한 시공간이다. 우리는 매일 익숙한 문을 열고 나가지만, 그 문 너머에서 기다리는 것은 단 한 번도 마주한 적 없는 낯선 기적이다.

오늘의 가치는 우리가 실제로 점유하고 통제할 수 있는 유일한 실재라는 점에 있다. 지나간 어제는 수정할 수 없는 기록이고, 오지 않은 내일은 실체 없는 가설일 뿐이다. 오직 오늘만이 우리의 의지로 채울 수 있는 빈 캔버스이자, 우리가 살아있음을 증명할 유일한 기회다.

오늘을 단순히 내일로 가기 위한 통로로 여겨서는 안 된다. 오늘은 미래를 준비하는 수단이 아니라, 그 자체로 완결된 삶의 단위다. 이 찰나의 유한함을 정성껏 대접하는 일이야말로, 나에게 주어진 삶을 가장 정중히 사랑하는 방식이 된다.

새로운 경험에 의해 확장된 마음은 결코 이전의 차원으로 돌아갈 수 없다.

올리버 웬델 홈스 주니어

경험은 돌이킬 수 없는 변화를 만든다. 한 번 본 것은 볼 수 없던 상태로 돌아갈 수 없고, 한 번 깨달은 것은 무지했던 때로 되돌릴 수 없다. 새로운 세계를 경험한 마음은 이전의 좁은 틀 안에 더 이상 머물 수 없다. 생각의 지평이 넓어진 순간, 삶은 이미 이전과 다른 방향으로 움직이기 시작한다. 확장은 본질적으로 비가역적이다.

한 권의 책이 세계관을 뒤흔들고, 한 번의 여행이 오래된 편견을 무너뜨리며, 한 사람과의 대화가 굳어 있던 사고의 경계를 허문다. 이런 경험 이후 우리는 예전처럼 단순하게 생각할 수 없다. 복잡성을 본 사람은 쉬운 답에 만족하지 못하고, 다양성을 경험한 사람은 하나의 정답만을 고집하지 않는다. 보이지 않던 층위를 경험한 뒤에는 사고 자체가 더 깊은 질문을 요구하게 된다.

이것은 축복이자 숙명이다. 넓어진 마음은 좁은 곳에 다시 들어갈 수 없기에, 우리는 멈추는 대신 앞으로 나아갈 수밖에 없다. 더 많이 질문하고, 더 깊이 탐구하며, 더 넓게 사유해야 한다. 그렇게 인생의 확장은 되돌릴 수 없는 방향으로 이어지는, 멈출 수 없는 여정이 된다.

인생을 깨닫는 방법은
많은 것들을 사랑하는 것이다.

빈센트 반 고흐

인생을 깨닫는 가장 정직한 방법은 세상의 수많은 것들을 기꺼이 사랑하는 것이다. 여기서 사랑이란 거창한 감정의 파도가 아니다. 길가에 핀 이름 없는 풀꽃의 결을 살피고, 매일 마주하는 타인의 주름진 고단함을 헤아리며, 우리를 둘러싼 사소한 풍경들에 진심 어린 시선을 머무르게 하는 일이다.

우리는 흔히 고독한 사유나 거창한 성취를 통해 삶의 진리에 닿으려 한다. 하지만 삶의 본질은 내가 마음을 준 대상들과의 관계 속에서 선명히 그 형체를 드러낸다. 더 많이 아파하고, 더 깊이 감탄하며, 더 넓게 품어본 사람만이 인생이라는 거대한 지도의 빈칸을 채워나갈 수 있다.

인생의 본질은 더 많이 사랑하는 것에 있다. 무관심하게 스쳐 지나가던 것들에 애정을 쏟기 시작하면, 세계는 그제야 그 깊이를 보여준다. 한 그루 나무, 한 사람의 눈빛, 한 순간의 고요함. 그 작은 것들을 사랑할 줄 아는 마음이 쌓일 때, 우리는 삶의 의미를 깨닫는다. 사랑하지 않고서는 알 수 없고, 알지 못하고서는 살아있다고 할 수 없다. 그래서 기꺼이 사랑하는 것은 삶을 온전히 경험하는 유일한 방법인 것이다.

**시간은 가장 희소한 자원이며,
시간이 관리되지 않으면,
다른 어떤 것도 관리될 수 없다.**

시간이 특별한 이유는 되돌릴 수도, 쌓아둘 수도 없기 때문이다. 돈은 다시 벌 수 있고, 기회는 다시 만들 수 있지만, 지나간 시간은 다시 허락되지 않는다. 한 번 흘러간 순간은 어떤 대가로도 되살릴 수 없기에 시간은 모든 자원 위에 놓인다.

시간이 흐트러진 상태에서는 아무리 뛰어난 계획도 제 역할을 하지 못한다. 우선순위가 무너지고, 집중은 분산되며, 노력은 성과로 이어지지 않는다. 바쁘게 움직이지만 앞으로 나아가지 못하는 이유는 대부분 시간의 질서가 무너졌기 때문이다. 관리되지 않은 시간은 다른 모든 관리를 무력하게 만든다.

시간 관리는 단순히 일정을 촘촘히 나누는 기술이 아니다. 무엇에 시간을 쓰고, 무엇에는 쓰지 않겠다고 정하는 일이다. 그것은 선택의 문제이며 가치의 문제다. 내가 무엇을 선택하고 무엇을 포기하는가가 곧 나의 정체성을 규정하기에, 시간 관리는 곧 '나'라는 존재를 조각하는 행위다. 그런 의미에서 시간을 관리한다는 행위는 하루를 정리하는 차원을 지나 삶의 방향을 정하는 엄중한 선언과도 같다. 시간의 흐름을 바로 세우는 과정에서 일과 목표, 관계는 각자의 제자리를 찾아가기 시작한다.

아침에 일어날 때,
살아 있다는 것이 얼마나
귀중한 특권인지 생각하라.

마르쿠스 아우렐리우스

아침은 매번 익숙한 반복처럼 오지만, 그 안의 실재는 결코 되풀이되지 않는다. 눈을 떴다는 사실 하나만으로도 오늘은 이미 어제와 다른 생의 첫 페이지다. 우리가 매일 마주하는 아침은 단순히 눈을 뜨는 행위가 아니라, 세상이라는 무대에 다시금 초대받은 고귀한 사건이다.

이 초대를 당연한 권리로 여기지 않아야 한다. 숨을 쉬고, 무언가를 느끼며, 누군가를 사랑할 기회는 오직 오늘이라는 한정된 시공간 속에서만 유효한 특권이기 때문이다. 이 고귀한 권리는 영원히 주어지는 것이 아니기에 현재에 온전히 머무는 것만으로도 우리는 생의 목적에 닿게 된다.

그래서 하루를 시작하는 태도는 삶 전체를 대하는 방식이 된다. 서두르지 않고 이 순간을 자각하는 것, 살아 있다는 사실을 잠시라도 의식하는 것만으로도 하루의 결은 달라진다. 거창한 목표나 다짐이 없어도 괜찮다. 오늘이 다시 주어졌다는 사실을 소홀히 여기지 않는 마음, 그 조용한 인식이 하루를 소모가 아닌 의미로 이끌고, 반복처럼 보이던 삶에 다시 한번 깊이를 부여한다.

행복한 가정은 이 세상에서
미리 누리는 천국이다.

존 보링 경

천국을 멀리서 찾을 필요가 없다. 서로를 이해하는 가족이 모여 있는 식탁에, 편안하게 침묵을 나눌 수 있는 거실에, 있는 그대로의 모습으로 받아들여지는 집 안에 이미 존재한다. 조건 없이 사랑받고, 판단 받지 않으며, 안전하게 쉴 수 있는 곳. 그곳이 바로 이 땅위의 천국이다.

행복한 가정은 완벽함에서 오지 않는다. 오해를 함께 풀어가고, 실수를 용서하며, 서로의 나약함을 품을 수 있기 때문에 행복하다. 화려한 성취보다 소소한 일상을 나누고, 특별한 계기보다 작은 배려가 쌓여 만들어지는 평온함 속에서 우리는 진정한 안식을 경험한다.

이 천국은 의식적으로 가꾸지 않으면 시든다. 익숙함 속에서 소홀해지고, 당연하게 여기는 순간 멀어진다. 행복한 가정은 작은 관심의 반복으로 이어진다. 한 마디 더 물어보고, 조금 더 들으려 하며, 평범한 순간도 감사할 줄 아는 마음. 그 꾸준한 애정이 이 작은 천국을 지상에 머물게 한다.

아무도 과거로 돌아가
새로운 시작을 할 수는 없지만,
누구나 지금부터 다시 시작하여
새로운 결말을 만들 수 있다.

제임스 R. 셔먼

지나온 흔적을 지우거나 실수를 되돌릴 방법은 없다. 그래서 어제의 후회에 매몰되는 것은 바꿀 수 있는 유일한 기회인 '오늘'을 낭비하는 일이다. 인생의 가치는 완벽한 시작이 아니라, 언제든 방향을 틀 수 있는 현재의 선택권에 있다. 과거가 출발점을 정했을지 몰라도, 마지막 페이지를 채울 문장은 오직 지금의 우리 손에 달려 있다.

새로운 결말은 오늘을 대하는 태도의 변화에서 시작된다. 어제와 같은 행동을 반복하며 다른 미래를 기대할 수는 없다. 과거의 관성에서 벗어나 지금 할 수 있는 작은 변화를 선택할 때 삶의 궤적은 마침내 요동치기 시작한다. 늦었다는 자책보다 '아직 결말은 쓰이지 않았다'라는 확신이 우리를 움직이는 가장 강력한 동력이 된다.

지금 펜을 쥐고 있는 사람은 현재의 나이기 때문에, 인생이라는 책의 앞부분이 불행했다고 해서 최종적인 결말까지 불행할 이유는 없다. 과거에 대한 미련을 내려놓고 지금 써 내려갈 문장에 집중하자. 오늘 내딛는 새로운 한 걸음이 모여, 과거의 상처를 넘어선 단단한 생의 기록을 남길 것이다.

마음이 맞는 사람들과 함께라면,
아무것도 없는 빈방도
기쁨으로 가득하다.

윌리엄 쿠퍼

마음이 통하면 무엇을 하든 즐겁다. 특별한 활동 없이 대화만으로도 시간이 흐르고, 곁에 머무는 것만으로도 깊은 위안을 얻는다. 침묵마저 편안하게 느껴지고 사소한 순간에도 의미가 깃드는 것, 이것이 친밀감이 주는 힘이다. 함께 있는 것만으로 충분하며, 무언가를 더 해야 할 필요도, 무언가로 채워야 할 공백도 느껴지지 않는다.

반대로 마음이 맞지 않는 이들과는 아무리 좋은 곳에 있어도 불편하다. 대화는 겉돌고 시간은 더디게 흐르며, 공간을 무엇으로 채워도 텅 빈 마음은 메워지지 않는다. 화려한 식탁도, 멋진 풍경도, 값비싼 경험도 공허함을 가릴 수 없다. 영혼의 공명 없이는 그 어떤 물질적 풍요도 무의미하며, 결국 남는 것은 어색함과 피로뿐이다.

중요한 것은 장소가 아닌 사람이다. 진정한 정서적 연결 앞에서 어떤 외부 조건도 부차적인 배경에 불과하다. 마음이 통하는 사람과는 좁은 방도 천국이 되고, 마음이 맞지 않는 사람과는 궁전도 감옥이 된다. 텅 빈 방을 천국으로 만드는 힘은 서로에게 건네는 다정한 진심에서 나온다. 그렇게 관계의 질이 공간의 질을 결정하며, 진심 어린 연결이 있을 때 세상 그 어디라도 살 만한 곳이 된다.

달을 향해 쏴라.

비록 빗나가더라도 별을 맞힐지도 모른다.

_W. 클레멘트 스톤

현명한 변호자의 첫 번째 의무는

반대자들에게 자신이 그들의 주장과 취향,

그리고 편견까지 이해하고 있음을

납득하게 하는 것이다.

_새뮤얼 존슨

어떤 일이라도 작은 일로
세분화하면 특별히 어렵지 않다.

헨리 포드

거대한 목표가 주는 압도적인 중압감은 때로 우리의 의지를 단번에 꺾어놓는다. 막연한 두려움은 행동을 지체시키고 포기를 종용하기 마련이다. 하지만 헨리 포드의 통찰처럼 아무리 거대한 난제라도 이를 쪼개어 작은 단위의 실행으로 재구성하면 우리가 감당하지 못할 일은 없다. 세분화는 막막함을 명료함으로 바꾸는 연금술이다.

높은 산을 한 번에 뛰어오를 수는 없지만, 지금 당장 내딛는 한 걸음은 누구나 할 수 있는 일이다. 커다란 과업을 오늘 완수할 수 있는 사소한 조각들로 나누는 순간, 문제는 장애물이 아니라 하나씩 해결해 나갈 단계적 과제로 변모한다. 이 과정에서 쌓이는 작은 성취감들은 다음 단계로 나아갈 동력이 되어, 결국 불가능해 보였던 정상으로 우리를 인도한다.

성공은 담대한 용기보다 치밀한 분해와 꾸준한 반복에 달려 있다. 지금 당신을 짓누르는 고민이 있다면 그것을 더 이상 나눌 수 없을 만큼 작은 조각으로 쪼개어 보라. 특별히 어렵지 않은 그 작은 일들을 하나씩 처리해 나갈 때, 당신은 어느덧 거대한 승리의 정점에 도달해 있을 것이다.

결국, 중요한 것은 당신이 가진 것이나
당신이 이룬 것이 아니다.
중요한 것은 당신이 누구를 고양시키고,
누구를 더 나아지게 했는지이다.
그것은 당신이 무엇을
돌려주었는지에 관한 것이다.

덴젤 워싱턴

　삶의 가치는 소유의 축적이 아니라 타인에게 미친 영향력으로 결정된다. 얼마나 벌고 무엇을 가졌는가는 금세 잊히지만, 누군가의 삶을 변화시킨 흔적은 오래도록 남는다. 돈과 명예는 형체도 없이 사라질 유한한 것이나, 타인의 영혼에 새긴 선한 궤적은 그들의 삶을 통해 영원히 이어진다.

　진정한 삶의 의미는 성취가 아닌 공헌에 있다. 누군가에게 힘이 되고 가능성을 믿어주며 절망에서 건져 올리는 일, 그것이 바로 우리가 삶을 통해 증명해야 할 본질적인 가치다. 받은 것을 얼마나 되돌려주었는지가 존재의 무게를 결정하며, 마지막 순간 남는 것은 화려한 성공의 기록이 아닌 '관계의 기록'이다.

　그러므로 더 높이 올라가는 것에 매몰되기보다, 당신의 존재가 누군가에게 축복이 될 수 있도록 노력하라. 시간과 지혜, 격려를 아낌없이 나누어 누군가의 삶에 작은 빛이 되어주어야 한다. 누군가를 끌어올리고 희망을 주는 행위야말로 우리의 영혼이 누릴 수 있는 가장 풍요로운 영광이다.

발상의 영역에서는 모든 것이
열정에 달려 있고, 현실 세계에서는
모든 것이 인내에 달려 있다.

요한 볼프강 폰 괴테

시작은 열정으로 한다. 새로운 아이디어가 떠오를 때, 가능성이 보일 때, 무언가를 이루고 싶은 강렬한 욕망이 불타오를 때 우리는 움직인다. 열정은 출발의 연료다. 그것이 없다면 애초에 시작조차 불가능하다. 발상의 순간에는 흥분과 확신이 모든 것을 가능하게 만든다.

하지만 현실은 다르다. 실행의 단계로 넘어가면 열정만으로는 부족하다. 예상치 못한 장애물이 나타나고, 진도는 더디게 나가며, 초기의 흥분은 점차 식어간다. 이때 필요한 것은 인내다. 지루한 반복을 견디고, 작은 진전에 만족하며, 결과가 보이지 않아도 꾸준히 전진하는 힘, 이것이 현실 세계를 지배하는 법칙이다.

위대한 성취는 뜨거운 열정으로 시작해 차가운 인내로 완성된다. 첫 마음의 불꽃을 꺼뜨리지 않고 묵묵히 일상의 근면함으로 치환할 수 있는 사람만이, 머릿속에만 머물던 환상을 손에 잡히는 실체로 바꾸어 놓는다. 발상의 환희를 끝까지 책임지고 그 고통스러운 지속 끝에 마침내 마주하는 결과물이야말로 열정이 인내라는 시간을 통과하며 빚어낸 가장 눈부신 결정체일 것이다.

우리는 사람을 이해할 때 공통점보다 차이점부터 본다. 차이는 즉각적으로 인식되고 명확하게 범주화할 수 있지만, 공통점은 깊이 들여다봐야만 보이는 은밀한 진실이다. 우리는 무의식적으로 눈에 띄는 것을 중요한 것으로 착각하며, 드러나지 않는 것은 존재하지 않는 것처럼 여긴다. 그렇게 차이는 과대평가되고, 닮음은 과소평가된다.

하지만 겉치레를 걷어내고 깊이 다가가면 그 너머의 거대한 공통점과 마주하게 된다. 인정받기를 갈망하고 상처를 두려워하며 삶을 지키려 애쓴다는 점에서 우리는 놀라울 정도로 닮아 있다. 차이가 쉽게 정의된다고 해서 그것이 본질적인 것은 아니다. 오히려 이해가 얕을수록 눈에 띄는 다름에 매몰되어 상대를 구분 짓게 될 뿐이다. 타인에게서 접점을 찾는 일은 내면을 응시하려는 세심한 관심이 있어야 가능한 성숙한 공감의 영역이다.

타인을 이해하는 일은 다름의 장벽을 넘어 상대에게서 나의 모습을 발견하는 과정이다. 겉모습은 달라도 그 아래 흐르는 삶의 애환은 우리를 하나로 묶어주는 거대한 유대다. 차이로 상대를 규정하기보다 정의하기 어려운 '닮음'에 마음을 기울여보자. 그러면 타인은 생의 무게를 함께 짊어진 든든한 동료가 될 것이며, 홀로 견디던 삶은 함께 나누는 여정이 될 것이다.

부러진 뼈는 나을 수 있지만,
말이 낸 상처는 영원히 곪을 수 있다.

제서민 웨스트

육체적 상처는 시간이 치유한다. 부러진 뼈는 붙고, 베인 살은 아물며, 아픈 몸은 회복된다. 고통스럽지만 예측 가능하고, 치료 방법도 명확하다. 하지만 말로 입은 상처는 다르다. 눈에 보이지 않지만 더 깊이 파고들고, 시간이 지나도 사라지지 않으며, 때로는 평생 그 자리에 남는다.

한 번 내뱉은 말은 되돌릴 수 없다. "그냥 한 말이었어"라고 변명해도 이미 상대의 마음속에 박힌 말은 지울 수 없다. 모욕적인 말 한마디가 관계를 영구히 파괴하고, 무심코 던진 비난이 누군가의 자존감을 무너뜨린다. 말은 가볍게 나가지만 마음에 무겁게 꽂힌다.

말하기 전에 그것이 진실인지, 필요한지, 그리고 친절한지를 먼저 자문해야 한다. 날카로운 진실보다 따뜻한 침묵이 나을 때가 있고, 객관적인 비판보다 진실한 격려가 누군가의 무너진 세계를 다시 세우는 유일한 길이 되기도 한다. 그러므로 우리의 입술을 떠난 문장이 상대에게 치명적인 독이 아닌 사람을 살리는 약이 될 수 있도록, 마음의 온도를 담아 말을 고르고 건네는 신중함이 필요하다.

아이작 뉴턴의 고백처럼 위대한 성취는 앞선 이들이 닦아온 지혜의 토대 위에서 탄생한다. 우리는 결코 홀로 서지 않으며, 우리가 누리는 지식과 기술은 수많은 선구자가 남긴 숭고한 유산이다. 과거의 성취를 겸손히 배우고 인정하는 태도는 우리의 시야를 한계 밖으로 밀어 올리고, 더 넓은 세상을 향해 뻗게 한다.

거인의 어깨 위에 선다는 것은 선대들의 시행착오와 철학을 우리의 토양으로 삼는 일이다. 혼자만의 천재성에 기대기보다 인류가 쌓아 올린 집단지성을 끌어쓸수록, 우리는 더 적은 힘으로 더 높은 곳에 닿는다. 우리가 마주한 문제들의 해답은 대개 이미 누군가에 의해 고뇌의 흔적으로 남겨져 있으며, 그것을 발견하고 재해석하는 안목이 곧 창조의 시작이 된다. 그렇게 계승의 흐름과 조화를 이루는 유연함이 혁신의 문을 연다.

이처럼 우리는 누군가의 어깨 덕분에 오늘을 살며, 동시에 미래를 위한 새로운 어깨가 되어야 할 숙명을 지닌다. 앞선 빛을 따라 길을 찾고 그 끝에 나만의 등불을 얹는 과정, 그것은 개인의 영광을 넘어, 인류가 인간답게 이어져 온 가장 조용하고도 위대한 연대의 방식이다.

행운은 기회와 준비가 만나는 것이고, 불운은 준비 부족과 현실이 만나는 것이다.

엘리야후 골드랫

　행운은 우연의 탈을 쓰고 찾아오지만, 실은 준비된 자에게만 그 얼굴을 드러낸다. 같은 기회 앞에서도 누군가는 그것을 붙잡고, 누군가는 무심히 지나친다. 이 미묘하지만 결정적인 차이를 만드는 것은 순간의 판단력이 아니라, 오랜 시간 눈에 띄지 않게 축적된 준비의 밀도다.

　불운 역시 예고 없이 들이닥친 것처럼 보이지만, 대부분은 현실의 무게를 감당할 토대가 갖춰지지 않은 지점에서 발생한다. 사건보다 더 큰 타격을 주는 것은 그 상황을 해석할 기준과 견뎌낼 내적 근력이 없다는 사실이다. 그래서 불운은 예측의 실패라기보다, 대비의 공백이 만들어낸 필연적인 결과다.

　엘리야후 골드랫의 통찰은 운을 통제하라는 요구가 아니다. 불확실성의 세계 앞에서, 최소한 자신이 서 있는 자리는 스스로 관리하라는 조언에 가깝다. 준비는 불확실성을 완전히 제거하지 못하지만, 어떤 미래 앞에서도 무너지지 않을 균형을 마련해 준다.

　중요한 것은 기회를 맞히는 예지력이 아니라, 어떤 상황이 와도 자신을 잃지 않을 준비다. 그 준비 위에서 행운은 우연이 아닌 필연처럼 다가오고, 불운은 파괴가 아니라 방향 수정의 신호로 작동한다. 결국 삶을 가르는 것은 운의 크기가 아니라, 그것을 받아낼 그릇의 깊이다.

인류는 태초부터, 두려움 없이 마주한 고통이 자유로 가는 여권이라는 것을 깨달아왔다.

파울로 코엘료

고통은 누구에게나 찾아오지만, 자유는 오직 그것을 마주하는 자에게만 허락된다. 삶의 차이를 만드는 것은 고통의 절대적인 크기가 아니라, 그 날카로운 칼날 앞에 서는 영혼의 태도에 있기 때문이다.

피하려 할수록 고통은 그림자처럼 우리를 옭아매는 사슬이 되지만, 정면으로 응시하는 순간 그것은 해방을 향한 유일한 통로로 변모한다. 두려움 없이 고통을 본다는 것은 통증을 단순히 견디는 것을 넘어, 삶의 진실로부터 도망치지 않겠다는 결연한 실존적 선택을 의미한다.

인류의 역사가 증명하듯, 외면한 두려움은 반드시 형태를 바꿔 더 거대한 구속으로 돌아오고, 회피한 고통은 내면을 잠식하는 만성적인 굴레가 된다. 그러나 그 고통의 현장에서 도망치지 않고 자리를 지킬 때, 고통은 우리를 억압하던 자리에서 벗어나 반드시 통과해야 할 삶의 과정으로 자리를 옮긴다. 참된 자유는 고통이 완전히 사라진 공백을 기다리는 막연한 낙관이 아닌, 고통을 정면으로 마주하여 그것을 도약의 발판으로 치환해내는 치열한 현장에서 그제야 시작된다. 결국 이 명언은 고통을 도구 삼아 자신의 존재를 확장하라는 준엄한 생의 제안이다. 떨림을 무릅쓰고 마주한 고통만이 우리를 낡은 궤도에서 풀어주며, 진정한 자유라는 다음 차원의 문턱으로 데려다 놓는다.

인생이 아름다운 이유는
영원하지 않기 때문이다.

브릿 말링

모든 것이 영원하다면 아무것도 소중하지 않을 것이다. 시간이 무한하다면 오늘을 살 이유가 없고, 관계가 끝나지 않는다면 그 순간을 감사할 필요도 없다. 끝이 있기에 지금이 의미 있고, 사라질 것이기에 붙잡고 싶어진다.

우리가 석양을 아름답게 느끼는 이유는 그것이 곧 사라지기 때문이다. 꽃이 감동적인 것은 피어있는 시간이 짧기 때문이다. 사랑하는 사람과의 시간이 소중한 것은 언젠가 헤어질 수밖에 없음을 알기 때문이다. 영원한 것은 당연해지지만, 사라질 것은 절실해진다.

죽음이라는 한계가 삶을 정의한다. 시간이 제한되어 있기에 우리는 선택하고, 우선순위를 정하며, 무엇이 정말 중요한지 깨닫는다. 영원히 산다면 모든 것을 미룰 것이고, 아무것도 절박하지 않을 것이며, 삶은 의미를 잃을 것이다. 유한함이 우리를 깨어 있게 만든다.

인생을 잘 산다는 것은 더 오래 붙잡으려 애쓰는 일이 아니다. 언젠가 사라질 것을 알기에 지금 이 순간을 외면하지 않고 온 마음으로 환대하는 선택이다. 오늘의 시간과 사람을 당연하게 넘기지 않는 태도, 그 유한함을 의식하는 순간마다 삶은 비로소 밀도를 얻는다.

투키디데스

　행복은 선택권을 가질 때 시작된다. 선택의 여지가 없는 삶에서는 어떤 만족도 오래 머물지 못한다. 강요된 길 위에서 느끼는 성취는 불편하고, 타인이 정해준 기준으로 이룬 성공은 공허하다. 그래서 행복의 뿌리에는 언제나 자유가 놓여 있다. 자신의 삶을 스스로 결정할 수 있다는 감각이 있어야 기쁨도 온전히 삶으로 스며든다.

　그러나 자유는 저절로 유지되지 않는다. 자유에는 늘 책임이 따르고, 그 책임 앞에서 한 걸음 내디딜 용기가 필요하다. 익숙한 안전지대를 벗어나는 결단, 타인의 시선보다 자신의 기준을 따르겠다는 선택이 없다면 자유는 곧 타성으로 변질된다. 용기 없는 자유는 절대 오래 지속되지 않는다.

　행복이란 두려움을 안고도 선택하는 태도에서 태어난다. 인생은 용기로 지켜낸 자유 위에서만 타인의 기대가 아닌 자신의 방향으로 흘러간다. 자유를 선택하고, 그 자유를 지키기 위해 책임을 감당하며, 그 과정에서 흔들림 없이 자기 길을 가는 것. 그 연속된 선택들이 쌓일 때 행복은 우리 삶에 깊숙이 뿌리내린다. 행복은 막연한 감정이 아니라, 용기 있는 선택의 결과다.

대부분의 사람들은 책임에서

삶을 지탱하는 의미를 발견한다.

_조던 피터슨

진정한 지혜란 모든 것을 아는 것이 아니라,

인생에서 무엇이 꼭 필요한지, 덜 필요한지,

전혀 알 필요 없는지를 아는 것이다.

_레프 톨스토이

우리는 어떤 질문의 답을 찾으려
애쓰다 끝내 찾지 못하는 과정에서,
그 답을 바로 아는 것보다 더 많이 배운다.

로이드 알렉산더

정답을 단번에 얻는 것보다, 답을 찾아 헤매며 쌓아 올린 오답의 시간이 우리를 더 크게 성장시킨다. 결과보다 중요한 것은 해결되지 않은 질문을 품고 끝까지 분투하는 시간 그 자체다. 답을 모르는 상태에서 겪는 갈등과 시행착오야말로 사고를 확장하고 지혜를 단단하게 만드는 진정한 배움의 터전이다.

쉽게 얻은 답은 기억에서 금세 휘발되지만, 고뇌 끝에 얻은 통찰은 삶의 근육이 된다. 답을 찾지 못해 헤매는 동안 우리는 스스로 사유하는 법을 익히고, 문제의 본질을 다각도에서 바라보는 시야를 갖게 된다. 목적지에 도달하지 못했을지라도 그 여정에서 마주한 수많은 변수와 깨달음은, 정답 하나가 줄 수 없는 풍요로운 자산이 되어 우리 안에 남는다.

그러므로 답이 보이지 않는 시간을 실패로 규정해서는 안 된다. 그것은 지식이 부족하다는 증거가 아니라, 더 깊은 진실에 다가가기 위한 지적 성숙의 과정이다. 정답이라는 명쾌한 종착지보다 질문이라는 안개 속을 걷는 용기가 우리를 더 나은 존재로 만든다. 답을 모르는 것을 두려워하지 말라. 찾아가는 과정 자체가 진짜 배움이다.

나는 정신 나간 행동의 정의는
같은 일을 반복해서 하면서도
다른 결과를 기대하는 것이라고
생각한다.

변화를 바란다는 말은 쉽다. 하지만 행동이 그대로라면 결과가 달라질 이유가 없다. 기대치만 높인 채 기존의 관성을 되풀이하는 행위는 망상의 늪에 머무는 선택일 뿐이다. 삶은 기대의 크기에 무심한 채, 오직 움직임의 방향에 정직하게 반응한다.

이 문장이 불편하게 들리는 이유는 우리 모두 그 함정에 익숙하기 때문이다. 상황이 달라지길 바라면서도 선택과 습관은 그대로 두고, 우연이 대신 해결해 주길 막연하게 기대한다.

변화는 결심에서 시작되지 않고, 아주 작은 행동의 수정에서 시작된다. 다르게 말하고, 다른 순서로 움직이고, 다른 선택을 한 번이라도 해보는 것. 거창하지 않아도 된다. 단 한 번의 낯선 시도가 굳어 있던 흐름에 균열을 낸다. 결심의 밀도가 아무리 높아도, 단 한 번의 가벼운 실행이 가진 실체적인 힘을 이길 수는 없다.

성장은 우연을 기다리는 막연함을 지우는 것에서 시작된다. 어제와 다른 선택을 하고, 어제와 다른 방향으로 한 걸음 내딛는 일. 그 작고 분명한 변화가 삶의 궤적을 조용히 틀어 놓는다. 무거운 미래를 바꾸려 애쓰기보다, 지금 당장 내딛는 발끝의 방향을 1도만 수정하는 것만으로도 도달할 종착지는 완전히 달라진다.

고통을 피하려고 할수록 더 많이 고통
받게 된다. 왜냐하면 상처받는 것에 대한
두려움에 비례하여 더 작고 사소한 것들이
당신을 괴롭히기 시작하기 때문이다.
고통을 피하려고 가장 많이 노력하는
사람이 결국 가장 많이 고통받는 사람이다.

고통을 회피하려는 노력은 역설적으로 더 큰 고통을 낳는다. 상처가 두려워 관계를 끊고, 실패가 무서워 도전을 멈추며, 불안을 막으려 삶을 통제하려 들지만, 그 대가는 삶의 축소와 깊은 공허뿐이다. 고통을 피할수록 우리가 서 있을 자리는 좁아지고 가능성은 차단된다.

회피는 내면을 더욱 취약하게 만든다. 고통을 거부할수록 작은 불편함조차 견디기 힘들어지며, 사소한 비판이나 실패도 재앙처럼 크게 다가온다. 고통의 임계점이 낮아질수록 평범한 일상 속 부딪침조차 감당하기 버거워지고, 피할수록 우리는 점점 더 약해질 뿐이다.

진정한 자유는 고통을 받아들이는 데서 온다. 상처받을 수 있음을 인정하고, 실패의 가능성을 껴안으며, 불완전함을 있는 그대로 받아들일 때 삶은 확장된다. 고통을 두려워하지 않는다는 것은 고통이 삶의 일부임을 받아들이고 그럼에도 나아가는 것이다. 고통을 포용하는 것이 절대 쉬운 일은 아니지만, 절대 불가능한 일도 아니다. 그러니 아주 조금만 용기를 내기를…

믿음은 모든 것을 가능하게 하고…
사랑은 모든 것을 쉽게 만든다.

드와이트 L. 무디

믿음은 문을 연다. 불가능해 보이는 것도 믿는 순간 시도할 용기가 생기고, 막막했던 길도 믿음이 있으면 한 걸음씩 나아갈 수 있다. 믿음은 증거보다 먼저 오는 확신이며, 그 확신이 현실을 바꾸는 힘이 된다. 가능성은 믿음에서 시작된다.

하지만 믿음만으로는 부족하다. 사랑이 없다면 그 여정은 고통스럽다. 사랑은 어려운 일을 견딜 만하게 만들고, 무거운 짐을 가볍게 만든다. 사랑하는 사람을 위해서라면 힘든 일도 기꺼이 하게 되고, 사랑하는 일을 할 때는 시간 가는 줄 모른다. 의무와 책임만으로 채워진 발걸음은 금세 지치기 마련이지만, 그 기저에 사랑이 흐를 때 우리는 소진되지 않는 내면의 동력을 얻는다.

믿음과 사랑은 서로를 완성한다. 믿음이 길을 열어 주었다면, 사랑은 그 길을 끝까지 걷게 만든다. 믿음은 가능성을 보여 주고, 사랑은 그 가능성을 삶 속에 머물게 한다. 믿음이 불가능의 영역에 던진 질문이라면, 사랑은 그 가능성을 현실로 꽃피우는 대답인 것이다.

한 생명을 구하는 사람은
모든 인류를 구한 것과 같다.

탈무드

한 생명의 가치는 단순한 숫자에 머물지 않는다. 탈무드의 격언처럼, 한 사람의 인생을 지켜내는 일은 결국 그와 연결된 과거와 미래, 그리고 인류 전체의 가능성을 구하는 것과 같다. 한 사람을 살리는 것은 그가 맺을 무수한 인연과 그가 남길 선한 영향력의 씨앗을 지켜내는 숭고한 결단이기 때문이다.

우리는 거창한 대의명분 앞에서 개인의 희생을 당연시하곤 하지만, 진짜 인류애는 눈앞의 한 사람을 외면하지 않는 구체적인 손길에서 시작된다. 가장 작은 존재를 향한 헌신이 모여 세상의 온기를 유지하고, 벼랑 끝에 선 한 사람을 붙잡아주는 그 절실한 마음이 결국 인류를 지탱하는 보이지 않는 기둥이 된다.

생명을 존중한다는 것은 지금 여기 있는 한 사람을 대하는 방식이다. 외면하지 않고, 단순한 숫자로 치환하지 않으며, 대체 가능한 존재로 가볍게 취급하지 않는 것. 그렇게 한 사람의 존엄을 끝까지 지켜낼 때, 인류라는 거대한 개념은 현실 속에서 숨을 쉬기 시작한다.

사랑하는 미래여,
나는 너를 맞을 준비가 되었다.
네가 무엇을 가져오든,
나는 용기와 품격으로 맞설 것이다.

미상

미래는 예측할 수 없다. 행운이 올지, 불운이 올지, 기쁨이 올지, 고통이 올지 아무도 모른다. 하지만 중요한 것은 무엇이 찾아오는 지에 있지 않고, 그것을 대하는 마음가짐에 있다. 준비된 마음으로 미래를 기다리는 사람은 어떤 상황에서도 무너지지 않는다.

용기는 두려움 앞에서도 앞으로 나아가는 것이다. 품격은 최악의 순간에도 지켜지는 태도다. 용기와 품격으로 미래를 맞이한다는 것은 어떤 시련이 와도 자신의 본질을 잃지 않겠다는 선언이다.

미래를 두려워하는 사람은 현재에 갇힌다. 무슨 일이 일어날까 불안해하며, 최악을 상상하고, 변화를 피한다. 하지만 미래를 사랑하는 사람은 자유롭다. 좋은 일이든 나쁜 일이든 받아들일 준비가 되어 있기에 현재를 온전히 살 수 있다. 준비된 마음은 두려움을 무력하게 만든다.

미래에게 말하라. "나는 준비되었다. 무엇이 오든 그것을 견딜 힘이 있고, 넘어설 용기가 있으며, 품위를 잃지 않을 것이다." 미래를 두려워하지 말고 사랑하라. 그것을 맞이할 준비가 된 사람에게 미래는 무엇보다 기대되는 선물이 될 것이다.

**죽음이 인생에서 가장 큰 손실은 아니다.
가장 큰 손실은 우리가 살아있는 동안
우리 안에서 죽어가는 것이다.**

노먼 커즌스

숨을 쉬고 있다고 해서 모두가 살아있는 것은 아니다. 호기심이 멈추고, 타인을 향한 감수성이 메마르며, 더 나은 내일을 꿈꾸는 의지가 꺾일 때, 인간은 육체적 소멸에 앞서 존재의 죽음을 맞이한다.

내면이 시들어가는 것은 무엇보다 치명적인 비극이다. 뜨거웠던 열망은 냉소로 식고, 사랑은 무관심으로 바뀌며, 시련에 맞서던 용기는 체념에 잠식된다. 관성에 따라 움직이고, 의미 없는 반복 속에서 하루를 보내며, 자신이 진짜 원하는 것조차 잊어버린다. 이렇게 살아 있는 동안 우리 안의 빛이 하나씩 꺼져가는 것이야말로 가장 가슴 아픈 몰락이다.

그래서 진정으로 살아 있다는 것은 단순히 시간을 견디는 일이 아니다. 아직 질문할 수 있고, 놀랄 수 있으며, 마음이 무뎌지지 않은 채 세상을 다시 바라볼 수 있다면, 우리는 오롯이 살아 있는 것이다. 생동하는 삶은 나이를 먹는다고 해서 저절로 지속되지 않는다. 스스로를 흔들고, 감각을 깨우며, 다시 의미를 선택할 때에만 존재는 재점화된다. 그렇게 오늘도 무언가에 마음이 움직였다면, 우리는 소멸해가는 시간 속에서 기어이 제 몫의 삶을 지켜내고 있는 것이다.

우리는 희망에 따라 약속하고
두려움에 따라 행동한다.

프랑수아 드 라로슈푸코

우리는 희망에 부풀어 미래를 약속하지만, 정작 현실 앞에서는 두려움에 쫓겨 행동한다. 약속은 고결한 이상을 향해 있으나, 행동은 생존 본능의 공포에 지배당한다. 머리는 앞으로 나아가자 말하지만, 몸은 안전한 뒤로 물러난다. 이 간극은 인간의 나약함이자, 누구나 피할 수 없이 마주해야 할 내면의 전쟁터다.

진정으로 용감하다는 것은 공포에 사로잡혀 비겁한 선택의 유혹에 빠지는 바로 그 순간에 자신이 했던 약속을 다시 불러내는 일이다. 본능이 도망치라 속삭일 때조차 내가 선언했던 가치와 신념을 기억해 내는 힘, 그리고 그 힘을 동력 삼아 불안을 안고도 한 걸음 더 내딛는 결단이 있을 때 약속은 공허한 수사를 넘어 실체가 있는 삶이 된다.

결국 삶의 품격은 엄습하는 두려움에 굴복하지 않는 기개에서 결정된다. 희망에 따라 약속하고 두려움에 따라 행동하는 것이 거부할 수 없는 본성일지라도, 그 거센 물결을 거슬러 약속의 방향으로 노를 젓는 의지가 인간의 위대함을 증명하기 때문이다. 비겁해지려는 본능을 이겨내고 선언했던 자리에 끝내 머무는 것, 그 찰나의 투쟁들이 모여 흔들리던 약속은 마침내 누구도 부정할 수 없는 우리의 삶 그 자체가 된다.

건강한 몸은 영혼을 위한 객실이고,
병든 몸은 영혼의 감옥이다.

프랜시스 베이컨

　건강할 때 우리는 자유롭다. 가고 싶은 곳에 가고, 하고 싶은 일을 하며, 꿈을 실현할 수 있다. 몸이 방해하지 않기에 정신은 날아오르고, 열정은 창조로 향하며, 삶은 가능성으로 가득하다. 건강한 몸은 영혼이 머무는 편안한 공간이다.

　하지만 병이 들면 모든 것이 달라진다. 몸의 고통이 정신을 지배하고, 아픔이 생각을 점령하며, 무기력이 의지를 짓누른다. 하고 싶은 것이 있어도 몸이 따라주지 않고, 가고 싶은 곳이 있어도 움직일 수 없다. 병든 몸은 영혼을 가두는 감옥이 되고, 삶은 고통을 견디는 일로 축소된다.

　건강은 당연하게 여겨지기 쉽다. 아프지 않을 때는 몸의 존재를 의식하지 못하고, 그 소중함을 깨닫지 못한다. 하지만 한 번 건강을 잃으면 그것이 얼마나 큰 축복이었는지 뼈저리게 느낀다. 건강은 모든 것의 토대이며, 그것 없이는 어떤 성취도, 어떤 행복도 온전히 누릴 수 없다. 건강을 돌보는 것은 사치가 아니라 책임이다. 몸을 움직이고, 잘 먹으며, 충분히 쉬는 것은 영혼에게 자유를 선물하는 일이다.

죽음으로 삶이 끝나는 것이지
관계가 끝나는 것은 아니다.

로버트 앤더슨

죽음은 삶을 매듭지을 뿐, 그가 남긴 관계까지 마침표를 찍지는 못한다. 육신이 떠난 자리에도 그가 누군가에게 건넸던 다정한 숨결, 함께 나눈 온기, 삶으로 증명했던 가치들은 남겨진 이들의 기억 속에 여전히 살아 숨 쉰다. 한 사람의 존재가 물리적 한계를 넘어 지속되는 방식은 바로 이 지워지지 않는 마음의 궤적 속에 있다.

이 관점에서 죽음은 소멸이 아닌 '무게중심의 이동'이다. 한 사람이 쌓아온 사랑과 지혜는 떠나는 순간 사라지지 않고, 연결된 이들의 내면으로 스며들어 그들의 눈빛과 목소리로 재탄생한다. 남겨진 자들이 떠난 이의 의지를 이어받아 일상을 살아내면, 관계는 단절되지 않고 다른 형태의 여정으로 계속 이어진다.

우리는 서로의 조각을 주고받으며 산다. 가슴에 스며든 누군가의 진심은 그가 떠난 뒤에도 세상을 살아가는 새로운 힘이 된다. 그리고 누군가를 기억하며 그 뜻을 이어가는 일은 그의 생을 내 삶의 일부로 받아들여 함께 걷는 과정이다. 우리는 이 다정한 연대 속에서 죽음조차 끊을 수 없는 삶의 의미를 완성한다.

이 세상에서 사람이 가질 수 있는

유일한 진짜 안전은

지식, 경험, 능력의 축적이다.

_헨리 포드

믿음을 가진 사람에게는 어떤 설명도 필요하지 않다.

믿음이 없는 사람에게는 어떤 설명도 불가능하다.

_토머스 아퀴나스

버지니아 사티어

우리는 종종 타인의 협소한 가치관을 나의 본질로 착각하며, 그들이 그어놓은 한계선 안에서 스스로를 검열하곤 한다. 그러나 타인의 인식은 그들의 경험과 편견이 투영된 불완전한 거울일 뿐이다. 그 왜곡된 거울에 비친 파편이 절대 나의 전체가 될 수 없음을 깨닫는 것에서부터 진정한 자유는 시작된다.

타인의 판단에 주도권을 내어주는 것은 나의 가능성을 타인의 무지 속에 매장하는 일과 같다. 그들이 "너는 이 정도뿐이다"라고 단정 지을 때, 우리가 취해야 할 태도는 분노가 아닌 태연한 무관심이다. 타인의 좁은 시야는 그들의 한계일 뿐 나의 한계가 아니기 때문이다.

삶은 타인이 써 내려간 대본이 아니라, 나만의 문법으로 완성해 가는 고유한 서사여야 한다. 타인의 시선에 요동하지 않는 내면의 중심은 내가 나를 온전히 수용하는 마음의 깊이에서 빚어진다. 누군가 당신을 터무니없는 잣대로 재단하려 한다면, 그것은 당신이라는 심오한 문장이 그들의 빈약한 문해력으로는 결코 읽어낼 수 없는 세계임을 의미할 뿐이다.

폭군은 죽음과 함께 지배가 끝나지만, 순교자는 죽음과 함께 그의 통치가 시작된다.

폭군의 힘은 살아 있는 동안만 작동한다. 공포와 강제 위에 세워진 지배는 죽음과 함께 즉시 해체된다. 그가 사라지는 순간, 남는 것은 두려움의 기억과 텅 빈 자리뿐이다. 폭군의 지배는 몸과 함께 소멸되는 권력이다.

반대로 순교자의 영향력은 생의 끝에서 시작된다. 그는 강요하지 않았고, 통치하지도 않았다. 다만 자신의 신념을 끝까지 포기하지 않았을 뿐이다. 그 선택은 죽음 이후에도 질문으로 남아 사람들의 양심을 흔들고, 행동을 촉구한다. 순교자의 힘은 사람을 지배하지 않고, 사람 안에서 살아남는다.

권력은 생존에 의존하고, 영향력은 의미에 의해 지속된다. 공포로 유지되는 지배는 주체가 사라지는 순간 함께 무너진다. 반면 신념에서 비롯된 영향력은 개인을 넘어 생각과 행동으로 옮겨가며 확산된다. 하나는 통제의 범위에 머물고, 다른 하나는 공감의 영역으로 번져간다. 그것이 권력과 영향력의 가장 근본적인 차이다.

당신이 태어났을 때, 당신은 울었고
다른 모든 사람들은 행복했다. 가장 중요한
질문은 이것이다. ‘당신이 죽을 때
다른 사람들이 모두 울고 있을 그 순간에,
당신은 행복할 것인가?’

토니 캠폴로

우리는 축복 속에 태어나 세상에 첫울음을 터뜨렸지만, 정작 삶의 마지막 순간에 이르렀을 때 어떤 표정을 지을지는 전적으로 우리 자신의 선택에 달려 있다. 주변의 슬픔이 나의 평온함과 대비되는 그 순간이야말로, 한 인간이 자신의 생을 얼마나 후회 없이 완성했는지를 보여주는 가장 정직한 지표이다.

대개는 타인의 시선과 허울뿐인 성공에 매몰되어 삶의 본질을 놓치곤 한다. 하지만 죽음이라는 거울 앞에서 남는 것은 얼마나 높이 올랐느냐가 아니라, 얼마나 깊이 사랑했느냐이다. 타인에게 눈물을 남길 만큼 가치 있는 삶을 살고도 자신은 미련 없이 미소 지을 수 있다면, 삶은 그 자체로 숭고한 성취이다.

진정한 행복은 삶의 끝에서 증명된다. 매 순간의 선택이 마지막 날의 나를 만든다는 사실을 기억해야 한다. 오늘 내가 걷는 길이 누군가에게는 그리움으로, 나에게는 평온함으로 남을 수 있는지 물어야 한다. 죽음의 문턱에서 ‘가치 있는 삶이었다’고 고백할 수 있는 인생, 그것이 우리가 도달해야 할 최종 목적지이다.

헌신은 말이 아니라
행동이다.

장폴 샤르트르

우리는 종종 거창한 말로 신념을 증명하려 하지만, 인간의 실존을 정의하는 것은 혀끝의 고백을 넘어 그가 남긴 발걸음의 궤적이다. 헌신은 마음의 상태에 머물지 않는 구체적인 선택의 누적이며, 화려한 수사 뒤에 숨기보다 차가운 현실 속으로 직접 몸을 던지는 행위 그 자체다. 아무리 고귀한 가치라도 실천으로 증명되지 않으면 공허한 메아리에 불과하다.

말은 쉽고 편리하지만, 행동에는 책임과 비용이 따른다. 진정한 헌신은 내뱉은 말에 무게를 싣기 위해 기꺼이 불편함을 감수하는 과정에서 빛을 발한다. 사랑한다는 말, 정의를 지키겠다는 다짐, 더 나은 삶을 살겠다는 약속은 오직 행동으로 번역될 때만 비로소 생명력을 얻는다. 삶은 우리가 '무엇을 말했는가?'가 아니라 '어떻게 살았는가?'를 통해 그 진실성을 판별한다.

헌신이란 우리를 증명하는 가장 강력한 언어다. 타인의 마음을 움직이고 세상을 바꾸는 것은 묵묵히 자리를 지키며 보여주는 행동이다. 말은 사라지지만 행동은 흔적을 남긴다. 그렇게 진짜 삶은 말이 끝나고 행동이 시작되는 곳에서 펼쳐진다.

자유는 원하는 것을 완전히
누리는 것으로 얻어지는 것이 아니라
욕망을 통제함으로써 얻어진다.

에픽테토스

　　우리는 흔히 자유를 '마음대로 하는 상태'라 믿는다. 무한한 소유가 자유를 준다고 여기며 욕망을 좇지만, 통제 없는 욕망은 우리를 해방하기보다 결핍의 감옥에 가둔다. 더 많이 가질수록 더 많이 원하게 되고, 더 많이 원할수록 만족은 더 멀어진다. 그래서 진정한 자유는 내면의 충동을 스스로 다스릴 수 있을 때 시작된다.

　　욕망에 휘둘리는 삶은 보이지 않는 실에 묶인 꼭두각시와 다름없다. 세상의 기준에 맞춰 더 많이 가져야만 행복하다면, 평생 그 기준의 노예로 살아야 한다. 에픽테토스는 외부 환경이 아닌 내면을 다스리는 힘이 곧 자유라고 말한다. 통제할 수 없는 미련을 버리고 자신의 내적 주권을 확립할 때, 인간은 흔들리지 않는 존엄을 얻는다.

　　자유는 욕망을 확장하는 데 있지 않고, 그것을 단단하게 갈무리하는 힘에 있다. 소유욕보다 절제력이 더 클 때 우리는 삶의 진정한 주인이 된다. 스스로 통제할 수 있는 사람만이 누구도 침범할 수 없는 온전한 자유의 영토를 일구게 된다.

호기심은 예고 없이 찾아온다. 준비가 끝났을 때가 아니라, 일상 한가운데서 문득 고개를 든다. 특별한 계기 없이 스쳐 지나가듯 떠오른 질문 하나가 마음을 건드린다. 그러나 그 순간을 붙잡지 못하면 같은 질문은 같은 강도로 돌아오지 않는다. 호기심에는 유통기한이 있고, 그 유효시간은 우리가 생각하는 것보다 훨씬 짧다.

지식의 문은 의지보다 타이밍에 더 쉽게 열린다. 지금 떠오른 질문을 '나중에'로 미루는 순간, 관심은 다른 자극에 밀려 조용히 사라진다. 우리는 흔히 집중력이나 재능이 부족해서 배우지 못한다고 생각하지만, 실제로 배움이 멈추는 이유는 단순하다. 그 짧은 신호에 반응하지 않았기 때문이다. 호기심은 기다려주지 않고, 반복해서 문을 두드리지도 않는다.

배움은 거창한 계획이나 완벽한 준비에서 시작되지 않는다. 궁금해졌다면 바로 찾아보고, 의문이 생겼다면 그 자리에서 한 걸음 따라가야 한다. 그 즉각적인 반응이 사고의 흐름을 끊지 않는다. 그렇게 붙잡은 작은 질문 하나가 무지를 지나 이해로 이끄는 가장 빠른 통로가 된다. 배움의 뿌리는 결국 궁금해진 바로 그 순간을 흘려보내지 않는 선택이다.

직급은 특권이나 권력을 주지 않는다.
직급은 책임을 부여한다.

피터 드러커

진정한 권위는 외적인 계급장이 아닌 내면의 태도에서 발현된다. 직급을 권력의 신분으로 착각하는 순간, 수평적인 소통은 마비되고 조직의 유연함은 급격히 경직된다. 반면 직급을 '부여된 책임'으로 명확히 인식하는 리더는 자신의 권한을 타인을 돕고 문제를 해결하는 정교한 도구로 사용한다. 높은 자리에 오를수록 시선은 보살펴야 할 사람들과 완수해야 할 공동의 과업을 향해 더 넓게 확장되어야 한다. 직급이란 공동체의 안녕을 위해 기꺼이 짊어진 고독한 십자가에 가깝다.

우리는 매 순간 스스로에게 준엄하게 물어야 한다. 나는 지금 직급이 제공하는 혜택을 탐닉하고 있는가? 아니면 그 직함에 걸맞은 책임의 무게를 매일의 행동으로 증명하고 있는가? 직급이 높아진다는 것은 휘두를 수 있는 힘보다 감수해야 할 희생이 커짐을 의미한다. 리더가 그 희생의 무게를 기꺼이 짊어지고, 고통의 정점에서조차 묵묵히 책임을 다할 때 그 직급은 명함에 박힌 글자를 넘어 동료들의 가슴에 각인되는 '존경받는 이름'이 된다. 권위는 스스로 세우는 것이 아니라, 책임을 완수하는 뒷모습에서 자연스럽게 배어나오는 향기와도 같은 것이다.

건강한 것은 아픈 사람만이
볼 수 있는 왕관이다.
우리는 그것을 너무도
자주 당연하게 여긴다.

하산 미나즈

건강할 때는 절대 보이지 않는다. 숨을 쉬고, 걷고, 먹고, 잠드는 일상이 얼마나 경이로운 기적인지 우리는 알지 못한다. 몸이 완벽하게 작동할 때, 우리는 그 안락함에 취해 건강을 공기처럼 당연한 권리로 여긴다. 하지만 그 정교한 질서가 단 한 번만 어긋나도, 우리가 누리던 모든 평화는 즉시 무너져 내린다.

병이 들면 삶의 질서가 단숨에 바뀐다. 사소했던 일상이 고통으로 변하고, 평범했던 하루는 간절한 소망이 된다. 자유롭게 걷는 일, 통증 없이 잠드는 밤, 아무 생각 없이 몸을 움직일 수 있는 순간들. 건강할 때는 결코 꿈꾸지 않았던 소박한 풍경들이 잃고 난 후에는 도저히 닿을 수 없는 먼 곳의 별처럼 빛난다.

우리는 삶에서 너무 많은 것을 '항상 거기에 있을 것'이라 믿는다. 건강한 몸과 평온한 마음 역시 예외가 아니다. 하지만 그것들은 공짜로 주어진 것도, 영원히 보장된 것도 아니다. 건강은 잃고 나서 되찾을 수 있을지 몰라도, 그 길은 길고 고통스럽다. 그래서 건강은 소유가 아니라 관리의 대상이며, 항상 인생에 가장 높은 우선순위에 위치해야 한다. 그렇게 건강은 그 존재가 투명할 때 가장 완벽하며, 아프기 전에 반드시 자각해야 할 삶의 왕관이다.

분(分)을 신경 쓰면
시간은 저절로 관리된다.

필립 스탠호프 체스터필드 백작

시간은 멀리서 보면 늘 부족해 보인다. 해야 할 일은 많고, 남은 시간은 적어 보이기에 시간은 언제나 손에서 빠져나가는 것처럼 느껴진다. 사람들은 늘 "시간이 없다"는 말을 늘 입에 달고 산다.

하지만 시선을 '분'으로 낮추는 순간 시간은 갑자기 현실이 된다. 지금 이 몇 분을 어디에 쓰고 있는지만 의식해도 하루의 호흡은 눈에 띄게 달라진다. 거창한 계획보다, 지금 이 짧은 구간에 무엇을 선택하느냐가 하루의 방향을 결정한다. 시간은 멀리서 붙잡을수록 흐려지고, 가까이 들여다볼수록 또렷해진다.

분을 존중하는 사람은 시간을 통제하려 애쓰지 않는다. 대신 매 순간을 가볍게 선택하고, 그 선택을 정확히 쌓아간다. 무엇을 해야 할지보다 무엇을 지금 하지 않겠는지를 분명히 하며, 작은 집중을 반복한다. 그렇게 쌓인 분들은 어느새 하루의 구조를 만들고, 시간은 계획의 대상이 아니라 자연스럽게 정돈된 결과가 된다.

분에 대한 온전한 인식은 하루의 결을 바꾼다. 급하지 않으면서도 느슨해지지 않고, 분주함의 함정에 빠지지 않고도 삶의 밀도는 높아진다. 결국 분을 다루는 감각이 쌓일수록 우리는 시간에 쫓기지 않게 되고, 삶은 서서히 집중과 여유라는 두 가지 리듬을 동시에 갖게 된다.

할 수 있다고 믿든,
할 수 없다고 믿든,
당신이 옳다.

헨리 포드

세상은 대개 우리가 자신을 바라보는 시선에 호응하며, 그 마음의 결을 따라 현실의 모양을 함께 빚어간다. 스스로 '할 수 있다'고 믿는 사람에게는 보이지 않던 기회가 찾아오지만, '할 수 없다'고 단정 지은 사람에게는 불가능한 이유와 장애물만이 선명해질 뿐이다.

믿음은 단순한 기대를 넘어 실제 결과를 이끌어내는 마중물과 같다. 할 수 없다는 생각에 사로잡히는 순간, 우리 안의 잠재력은 동면 상태에 빠지고 실패를 정당화할 근거만을 수집한다. 반면 할 수 있다는 확신은 한계를 돌파할 창의성과 끈기를 깨운다. 결국 결과가 나오기 훨씬 전부터, 우리는 마음속에서 이미 승리와 패배를 결정짓고 있는 셈이다. 우리의 믿음이 곧 우리의 한계가 된다.

인생은 우리가 스스로에게 속삭인 예언대로 흘러간다. 지금 우리 앞에 놓인 벽이 넘을 수 없는 장애물이 될지, 딛고 올라설 디딤돌이 될지는 오직 우리의 해석에 달려 있다. 세상은 결코 가능성을 먼저 증명해 주지 않는다. 자신의 확신이 현실을 앞질러 나갈 때, 우리가 옳다는 사실은 세상이라는 무대 위에서 증명되기 시작한다.

1. 전두엽의 사유 능력을 깨웁니다.

필사는 읽기보다 천천히 정보를 처리하게 만듭니다. 이러한 속도 저하는 본능적이고 습관적인 반응을 잠재우고, 대신 계획을 세우고 판단을 내리는 전두엽을 활성화합니다. 인지 속도가 늦춰질수록 충동적인 반응은 줄어들고, 장기적인 결과를 깊이 고민하는 숙고의 힘이 자라납니다. 필사는 생각을 빠르게 몰아치는 훈련을 지나, 생각이 제대로 작동할 수 있는 여백을 만들어내는 행위입니다.

2. 감정을 언어로 바꿔 편안함을 줍니다.

감정을 말이나 글로 구체적으로 표현하면 불안을 담당하는 뇌

부위인 편도체의 과도한 반응이 줄어듭니다. 필사는 요동치는 감정을 그대로 쏟아내는 수준에 머물지 않고, 감정에 '언어'라는 옷을 입혀 논리적인 형태로 변환하는 과정입니다. 이 과정에서 흥분된 정서는 가라앉고, 감정은 내가 스스로 다룰 수 있는 대상으로 바뀝니다. 필사가 마음을 평온하게 만드는 비결은 의지력의 크기보다 뇌가 정보를 처리하는 방식의 변화에 있습니다.

3. 손의 움직임으로 이해의 깊이를 더합니다.

필사는 눈으로만 정보를 읽는 한계를 벗어납니다. 문장을 이해하는 동시에 손의 미세한 움직임을 조절하는 복합적인 과정이 동반되기 때문입니다. 이러한 감각의 통합은 뇌의 더 넓은 영역을 사용하게 만들어, 단순한 시각적 인식보다 훨씬 깊은 인지 처리를 유도합니다. 손으로 직접 쓰는 행위는 정보를 뇌 속에 더 오래 붙잡아두고 정확하게 기억해내는 데 유리합니다. 필사는 머리로만 하던 생각을 몸 전체의 작업으로 확장시킵니다.

4. 의미 중심의 처리가 기억을 견고하게 합니다.

기억은 단순히 반복한 횟수보다 정보를 얼마나 깊이 있게 다루었는지에 좌우됩니다. 필사는 문장을 바라보는 행위를 넘어, 그 의미를 해석하고 맥락을 더하며 다시 구성하는 과정입니다. 이렇게 의미 중심으로 다뤄진 정보는 장기 기억을 담당하는 해마의 작용을 통해 머릿속에 더 단단히 저장됩니다. 필사한 문장이 시간이 흘러도 명확하게 떠오르는 이유입니다.

5. 언어의 구조를 통해 생각을 정교하게 만듭니다.

우리의 생각은 언어를 통해 구체적인 뼈대를 갖춥니다. 글로 표현되지 않은 생각은 대개 감정과 인상이 뒤섞여 모호하게 남아 있기 마련입니다. 필사는 정제된 문장을 반복적으로 접하게 하며, 생각을 단어와 문장 단위로 나누는 연습을 지속하게 합니다. 이 과정에서 막연한 느낌은 명확한 요소로 분해되고, 생각은 비로소 검토와 수정이 가능한 형태가 됩니다. 잘 정리된 사고는 판단 오류를 줄이고 문제 해결 능력을 높여줍니다.

6. 능동적 재구성으로 이해의 빈틈을 메웁니다.

필사는 단순히 글자를 복사하는 행위처럼 보이지만, 실제로는 의미를 끊임없이 확인하고 조정해야 하는 고도의 집중력을 요구합니다. 이해가 부족한 문장 앞에서는 손이 멈추거나 글씨가 흐트러집니다. 이 과정은 내가 무엇을 알고 무엇을 모르는지를 명확히 드러내어, 이해의 오류를 그냥 지나치지 못하게 합니다. 필사는 수동적인 읽기에서 발견하기 힘든 이해의 빈틈을 찾아내어, 개념을 더 정확한 형태로 정리하게 돕습니다.

7. 시각적 관찰력을 길러 정보의 형태를 선명하게 인식합니다.

필사는 글자를 단순한 뜻으로만 받아들이지 않습니다. 획의 방향과 간격, 전체적인 형태를 세밀하게 구분하는 시각적 판별 과정을 포함합니다. 이 반복적인 과정은 시각 피질을 활성화하여 사물을 정밀하게 구분하는 능력을 키워줍니다. 손으로 쓰는 학습은 문자와 기호를 더 정확히 구별하게 하며 유사한 정보 사이의 혼동을 줄여줍니다. 필사는 내용을 이해하는 수준을 넘어, 정보를 이루는 형태 자체를 더 또렷하게 인식하는 눈을 길러줍니다.

다시

쓰다

거인을 쓰다 ❶

—

초판 1쇄 인쇄 2026년 1월 30일
초판 1쇄 발행 2026년 2월 25일

—

지은이 신영준, 고영성
펴낸이 고영성

—

책임편집 유형일

—

펴낸곳 (주)상상스퀘어
출판등록 2021년 4월 29일 제2021-000079호
주소 경기 성남시 분당구 성남대로43번길 10, 하나EZ타워 307호
팩스 02-6499-3031
이메일 publication@sangsangsquare.com
홈페이지 www.sangsangsquare-books.com

—

ISBN 979-11-24248-15-7 (04190)
세트 ISBN 979-11-24248-14-0 (04190)

—